Wege ins Glück

Stell dir einen blühenden Frühlingsgarten vor – die Sonne lacht, ein sanfter Maienwind flüstert dir Geheimnisse des Glücks ins Herz. Genau dort beginnen »Die Wege zum Glück«: in Momenten, wo Glück zur Kraft wird, älter als die Sterne, tiefer als Ozeane, in jedem Atemzug lebendig. Glück und Liebe sind Geschwister – wo eines wohnt, blüht das andere. Diese Zeilen sind Herzschläge, Lächeln, die ich mit dir teile.

Du findest Glück im Lauschen: auf den Wind, das Lachen eines Kindes, die Melodie meines Herzens. Diese Gedichte sind herzensnah, ein Tanz aus Wiesen, Sternen und Träumen. Sie laden dich ein, das Glück in dir zu entdecken – nicht als Ziel, sondern als dein ein Zuhause. Lass die Masken fallen, folge deinem Herzen und finde, was dich froh macht. Mögen diese Verse dein Herz berühren – das Glück ist hier, jetzt, in dir!

Der Autor

Roland Pöllnitz, ein Dichter mit der Seele eines Wanderers und der Stimme eines Rebellen, hat sein Leben der Kunst gewidmet, die Herzen öffnet und die Welt hinterfragt. Geboren in einem Land, das die Geschichte verschluckte und hineingeworfen in eine Zeit des Wandels, fand er inmitten von Lärm und Hektik der modernen Welt Zuflucht in der Stille der Natur – ein Ort, der seine Poesie und seine Prosa mit der Magie von Wäldern und dem Flüstern der Seele erfüllt. Seine Reise begann nicht mit Ruhm, sondern mit der Suche nach dem Sinn des Lebens. Ein Poet, der Traktorenlärm in Gedichte über Frieden verwandelt, der die Härte der Industrie mit der Weichheit der Selbstliebe kontrastiert. Inspiriert von der Liebe und seinen Reisen – nach außen in die Welt, nach innen zu Harmonie und Wahrheit – schuf er über 50 Meisterwerke. Pöllnitz ist ein außergewöhnlicher Dichter; er ist ein Chronist der Seele, ein Künstler, der aus Schmerz Schönheit webt und aus Stille Revolution entfacht. Sein neuestes Werk, *Wege ins Glück*, ist ein Versprechen, sich selbst und andere glücklich zu machen.

Wege ins Glück

Der weiße Zyklus
Band 7

Roland Pöllnitz

1. Auflage 2025

Verlag: BoD · Books on Demand GmbH, Überseering 33,
22297 Hamburg, bod@bod.de
Druck: Libri Plureos GmbH, Friedensallee 273,
22763 Hamburg

ISBN: 978-3-8192-4832-0

Vorwort

Liebe Leserin, lieber Leser,

Stell dir vor, du stehst in einem blühenden Frühlingsgarten, die Sonne lacht vom Himmel, und ein sanfter Maienwind flüstert dir Geheimnisse des Glücks ins Herz. Genau dort beginnt dieses Buch – in einem Moment, wo das Glück nicht nur ein Gefühl ist, sondern eine Kraft, die jeden Raum erfüllt, die immer da war, bevor die Sterne sangen. Ich glaube, Glück ist keine flüchtige Laune, kein Zufall, der uns streift. Es ist die Essenz des Lebens, älter als die Zeit, tiefer als die Ozeane, und es wohnt in dir, in mir, in jedem Atemzug.
Seit Tausenden von Tagen schreibe ich Gedichte, um die Liebe zu ergründen, und dabei fand ich: Liebe und Glück sind Geschwister. Wo Liebe wohnt, blüht Glück, und wo Glück leuchtet, pulsiert Liebe. Dieses Buch, meine „Wege ins Glück“, ist ein Liebesbrief an diese Kraft. Jede Zeile ist ein Herzschlag, jeder Vers ein Lächeln, das ich mit dir teilen möchte. Ich habe gelernt, dass Glück nicht im Besitz liegt, nicht in Titeln oder Reichtum, sondern im Lauschen – auf das Flüstern des Winds, auf das Lachen eines Kindes, auf die Melodie deines eigenen Herzens.
Vielleicht fragst du dich, wie ich das Glück finde, Tag für Tag. Es ist kein Geheimnis, sondern eine Entscheidung. Ich sitze in meinem Garten, sehe die Wolken wie Schiffe ziehen, und plötzlich ist da ein Vers, der von Glück spricht – wie ein Sonnenstrahl, der durch Blätter bricht. Diese Gedichte sind meine Reise, mein Staunen über das Leben. Sie sind lebensnah, weil Glück keine hohen Worte braucht. Es spricht in der Sprache des Herzens, in Bildern von Wiesen, Sternen und Träumen.
Manche sagen, die Welt sei aus einem Urknall geboren, aus Nichts. Doch ich frage: Was, wenn dieses „Nichts“ kein leerer Raum ist, sondern ein Ozean aus Glück? Was, wenn die kleinsten Teilchen, die Quanten, von dieser Freude tanzen? Meine Gedichte wollen dich einladen, diesen Raum zu spüren, ihn in dir zu entdecken. Glück ist

kein Ziel, sondern ein Zuhause, in das du jederzeit zurückkehren kannst. Es ist die warme Botschaft der Liebe, die dich umarmt, wenn du die Augen schließt und einfach bist.
Auf diesen Seiten findest du keine Antworten, die in Stein gemeißelt sind. Stattdessen findest du Fragen, die dein Herz wecken: Was macht dich froh? Was lässt dein Lachen klingen? Meine Glücksgedichte sind wie Blumen, die ich pflücke, um sie dir zu schenken. Sie erzählen von Momenten – dem Duft eines Frühlingsmorgens, dem Klang eines Liedes, dem Blick in liebevolle Augen. Sie sind meine Art, das Glück zu feiern, das in uns allen lebt.
Dieses Buch ist eine Einladung: Lass die Masken fallen, folge deinem Herzen, und finde das Glück, das immer da ist. Vielleicht wirst du, wie ich, ein Dichter deines Lebens, der in jedem Tag ein Gedicht sieht. Mögen diese Zeilen dein Herz berühren, dich zum Lächeln bringen und dich erinnern: Das Glück ist hier, jetzt, in dir.

Mit lieben Grüßen,

Roland Pöllnitz

Wir möchten alle glücklich sein

Wir möchten alle glücklich sein,
nach Glück strebt jedermann,
bisweilen funktioniert es nicht,
wie man es sehen kann.

Wir sehen uns das Übel an,
das überall passiert,
denn denken wir, die Welt ist schlecht,
die man uns präsentiert.

Doch ändern wir mal unsre Sicht
und sehen Schönes an
und sind dann voller Dankbarkeit,
das Glück nun kommen kann.

So mancher regt sich gerne auf,
ich frage mich warum,
wer eine andre Meinung hört,
der bleibt bestimmt nicht dumm.

Das Ego lassen wir Zuhaus,
die Liebe tritt nun ein,
umarmen wir die ganze Welt,
wird Frieden für uns sein.

Wir möchten alle glücklich sein,
warum sind wir es nicht?
Ein Baum ist Baum, ein Mensch ist Mensch,
das ändert unsre Sicht.

Die Wege zum Glück

Du fragst dich, welche Wege
geleiten dich zum Glück,
allein wirst du sie finden,
das wird dein Meisterstück.

Hör auf, dich zu vergleichen,
das macht dein Denken schwach,
beende auch den Wettstreit,
am Ende liegst du flach.

Und höre auf zu klagen,
du bist des Glückes Schmied,
schau über deinen Teller,
was anderswo geschieht.

Sei offen für das Neue,
befrei dich von der Wut,
umsonst sind alle Sorgen,
lass deine Ängste los.

Du fragst dich, welche Wege
geleiten dich zum Glück,
wirst du ein Lächeln schenken,
kehrt es zu dir zurück.

Dein Weg beginnt im Kopfe,
nun tu den ersten Schritt,
sei glücklich hier und heute,
nimm deine Freunde mit.

Das Geheimnis des Glücks

Verlange nichts, gib, was du hast,
erwarte keine Gegenleistung,
wer selbstlos und von Herzen gibt,
bekommt es tausendfach zurück.

Das Leben kennt nur ein Gesetz:
du sollst vor allen Dingen geben,
so öffnet es dir deine Hand,
du reichst die Glücksmomente weiter.

Das Geben liegt in der Natur,
die Wolken geben uns den Regen,
der Wind weht frische Luft daher,
der Fluss füllt einen Ozean.

Die Liebe hat die größte Kraft,
wer nichts verlangt, bekommt kein Leiden,
und klingt es für dich paradox -
so kommt der Menschen den Göttern nah.

Dein Quell des Glücks

Dein Quell des Glücks sprengt jede Grenze,
fragst du, was gebe ich der Welt,
dein Herz fühlt sich sofort viel freier,
dafür brauchst du kein Pfennig Geld.

Wohin dich deine Schritte führen,
ist doch im Grunde scheißegal,
der Zauber, den der Zufall bietet,
ist wunderbar und ohne Zahl.

Das Universum offenbart sich,
es bringt den hohen Plan ins Spiel,
die Herrlichkeit wird sich entfalten,
sich präsentieren als dein Ziel.

Dein Ego wird zum Universum,
darin nimmst du die Welt gern auf,
es wird Bewusstsein allumfassend,
so ist nun mal der der Weltenlauf.

Gelingt es dir, dein Glück zu leben,
wirst du dir selber tief bewusst,
machst du dich frei von deinem Ego,
entfaltet sich die Lebenslust.

Dein Glück wird immer für dich da sein,
mal ist es Tau, mal Regenguss,
doch wird dein Glück dich stets berühren
so zärtlich wie ein süßer Kuss.

Die vier Türen zum Glück

Freiheit liegt in wahrer Liebe.
Liebst du dich und diese Welt,
dann beendest du das Leiden,
weil das Dasein dir gefällt.

Frieden findest du im Herzen.
Wirst du selber dir bewusst,
dass du Teil vom großen Ganzen,
wächst in dir die Liebeslust.

Freude ist die Lust am Leben.
Glaube an dich, habe Mut!
Sieh die vielen tausend Wunder,
dann ist alles leicht und gut.

Fülle ist im Universum.
Es schenkt dir von allem ein,
danke dafür, was gegeben,
wird dein Herz geweitet sein.

Freiheit, Frieden, Freude, Fülle
öffnen Türen hin zum Glück,
und die Schlüssel nennt man Liebe,
komm, begleitet mich ein Stück.

Ein Gefühl von Glück

Wenn der Augenblick erblüht,
löst ein Lachen jede Spannung,
wenn wir tanzen in das Glück,
schwingt die Seele sich empor.

Wenn das helle Licht sich hebt,
spüren wir in uns den Taumel,
die Magie des Augenblicks
setzt die Sehnsuchtswünsche frei.

Unser Hiersein als Geschenk
ist gefüllt mit tausend Wundern,
auf dem Pfade zu uns selbst
leuchtet uns das Herzenslicht.

Voller Freude ist die Welt,
jede Wahrheit eine Feier
hin zur süßen Leichtigkeit,
ein Gefühl von Hier im Glück.

Im Mysterium des Glücks

Unendlich ist die Gegenwart
im Tempel unsres Glücks,
die Freude findet ihren Weg
zur Zeit des Augenblicks.

Wir kennen keine Grenzen mehr,
die Liebe schenkt den Mut,
nur das zu tun, was uns gefällt,
denn das ist für uns gut.

Dein Herz erwärmt die Gegenwart,
die Seele lässt dich frei,
wenn du dann deine Angst vergisst,
dann lacht dein Konterfei.

Ein jeder Tag ist ein Geschenk,
das Leben ist ein Fest,
so füllen Wunder deine Zeit
vom süßen Lebensrest.

Lebensglück

Es reihen sich die geilsten Tage
des Daseins aneinander fort,
das Leben ist ein Abenteuer,
das Lachen unser Lieblingssport.

Wir treffen wunderbare Menschen
und schließen sie in unser Herz,
wir wachen auf mit einem Lächeln
am Abend geht es träumewärts.

Die Menschen lieben unser Lachen,
wir strahlen gute Laune aus,
ein jeder Tag ist stets der geilste,
wir spenden jedem viel Applaus.

Wir leben hier und stets im heute,
was zählt, ist nur der Augenblick,
es reihen sich die geilsten Tage
in unserm großen Lebensglück.

Tiefes Glück

Die Liebe kommt nicht aus dem Außen,
die Liebe ist ein Teil von dir,
sie ist dein Herz und deine Seele,
sie ist dein Lebenselixier.

Die Freiheit kommt nicht aus dem Außen,
die Freiheit steckt in meinem Ich,
erst werde ich mich selbst entdecken,
dann sage ich es öffentlich.

Der Frieden kommt nicht aus dem Außen,
will ich mit mir in Frieden sein,
dann finde ich in mir die Stille
und nehme sie in Augenschein.

Verstehen kommt nicht aus dem Außen,
man kann mich lehren, was man will,
erst wenn ich selber es begreife,
dann wird der Aufruhr in mir still.

Nur Mut! Fang an, dich zu entdecken,
geh in dich einfach Stück für Stück,
du findest dort, was alle suchen,
du findest dort dein tiefes Glück.

Mein Weg zum Glück

Mein Weg zum Glück ist einfach Sein,
ein Leben stets im Jetzt und Hier,
den Frieden stets im Schönen finden
in einer tiefen Harmonie.

Mein Weg zum Glück ist, selbst zu sein,
die Freude an dem neuen Tag,
den Zauber der Natur erkunden,
Bewegung ist auch für mich gut.

Mein Weg zum Glück, ist gut zu sein,
ich sende Liebe in die Welt
und fühl, was Freund und Feinde fühlen,
erkenne die Gemeinsamkeit.

Mein Weg zum Glück ist weise sein,
bin Frieden für die ganze Welt,
mein Glück wohnt ewig schon im Herzen,
nun habe ich es neu entdeckt.

Wunderwelt

Voller Wunder ist die Erde,
alles ist so wunderbar,
blaue Meere, hohe Berge,
Silberbäche rein und klar.

Grün erstrecken sich die Wälder,
weiß erstrahlt der Wüstensand,
Sonne malt den Regenbogen
über unser weites Land.

Mannigfach erscheint das Leben,
staunend seine Vielgestalt,
selbst der Zauber süßer Blüten
schönt den Erdenaufenthalt.

Jeder Mensch ist ein Mirakel,
ist ein Fünkchen der Natur,
Liebe wohnt in allem inne,
darum gibt es Moll und Dur.

Das Schöne

Das Schöne macht die Menschen glücklich,
erspart uns allen großes Leid,
das Schöne ist ein großer Zauber
in alter und in neuer Zeit.

Das Schöne macht die Herzen weiter
und unsre Seelen wirklich froh,
komm, lasst das Schöne uns entdecken,
sein Zauber birgt kein Risiko.

Das Schöne präsentiert die Liebe,
zeigt uns die pure Harmonie,
wir sind von Schönheit stets umgeben,
sie selbst gibt uns die Garantie.

Der Mensch kann Schönes auch erschaffen,
dann weitet es des andren Herz,
ein Vers, ein Lied und ein Gemälde,
ein Lächeln und ein feiner Scherz.

Das Schöne will ich gern verbreiten
und Liebe schenken Tag für Tag,
mein Herz entdeckt die Weltenwunder
mit meiner Seele im Vertrag.

Lasst uns von nun an Liebe geben,
dann wird die Welt für alle schön,
die Erde wird als Blume blühen,
die kann man aus dem Weltall sehn.

Dein Quell des Glücks

Dein Quell des Glücks sprengt jede Grenze,
fragst du, was gebe ich der Welt,
dein Herz fühlt sich sofort viel freier,
dafür brauchst du kein Pfennig Geld.

Wohin dich deine Schritte führen,
ist doch im Grunde scheißegal,
der Zauber, den der Zufall bietet,
ist wunderbar und ohne Zahl.

Das Universum offenbart sich,
es bringt den hohen Plan ins Spiel,
die Herrlichkeit wird sich entfalten,
sich präsentieren als dein Ziel.

Dein Ego wird zum Universum,
darin nimmst du die Welt gern auf,
es wird Bewusstsein allumfassend,
so ist nun mal der der Weltenlauf.

Gelingt es dir, dein Glück zu leben,
wirst du dir selber tief bewusst,
machst du dich frei von deinem Ego,
entfaltet sich die Lebenslust.

Dein Glück wird immer für dich da sein,
mal ist es Tau, mal Regenguss,
doch wird dein Glück dich stets berühren
so zärtlich wie ein süßer Kuss.

Dein Glück kannst du nicht kaufen

Dein Glück kannst du nicht kaufen,
auch wahre Liebe nicht,
für Geld gibt's keine Freundschaft,
drum übe auch Verzicht.

Du sollst nur konsumieren,
was lange Freude bringt
und Leid niemals begünstigt,
so dass die Seele schwingt.

Natürlich musst du essen,
doch gebe darauf acht,
du sollst nicht hungrig shoppen,
die Werbung hat viel Macht.

Stehst du schon an der Kasse,
frag dich: Brauch ich das, ja?
Dein Glück kannst du nicht kaufen,
sei achtsam immer da!

Zeit im Glück

Ach, Kinder, wie die Zeit vergeht,
wie sie vom Winde wird verweht,
Tickticketack, so macht die Uhr,
sie tickt in Moll und tackt in Dur.

Hey, Mama, wie die Zeit vergeht,
dein Sohn als Opa vor dir steht,
so bist du selber Urmama,
wie schön, dass all die Kinder da.

Wer hat nur an der Uhr gedreht?
Weshalb vergeht die Zeit so stet,
so wie ein Strom nur fließen muss
vom Quellgebiet zum Meeresschluss.

Wer Liebe gibt, dem schenkt die Zeit
viel Glück und große Dankbarkeit.
Genieße jeden Erdentag,
weil dich das Leben so sehr mag!

Wer voller Leidenschaften brennt,
fühlt, wie die Zeit stets vorwärts rennt,
doch blickt im Leben man zurück,
dann war die meiste Zeit voll Glück.

Wer wagt, gewinnt

Jahre haben wir nicht viele
für die schönen Liebesspiele,
ist dein Herz für immer offen,
kannst du auf das Beste hoffen.

Kommt das Glück vorbeigelaufen,
greif dir einen großen Haufen,
gibt das Leben dir ein Zeichen,
dann versuch nicht auszuweichen.

Was du tust, tu es aus Liebe,
doch vermeide Seitenhiebe,
Glück besteht im großen Geben,
Lache viel in deinem Leben.

In den Himmel wachsen Bäume,
lebe deine kühnsten Träume,
stell dir nicht zu viele Fragen,
als Gewinner musst du wagen.

Zeitwunsch

Den Frieden hast du längst gefunden,
du trägst ihn tief im Herzen drin,
die Seele haucht ihn zart nach außen,
das gibt dem Leben seinen Sinn.

Du sehnst dich nicht nach Erdengütern,
dir reicht Gesundheit Jahr für Jahr,
die sich verbindet mit der Liebe,
so wird das Glück im Leben wahr.

Was soll ich ferner dir noch wünschen?
Bist du zum Wohlgenuss bereit?
Dann wünschen ich zum tiefen Frieden
dir noch 'ne große Menge Zeit.

Vergessen!

Wie riecht das Moos? Wie duftet Heu?
Was macht das Leben wieder neu?
Wie schmeckt die Luft? Was spricht der Baum?
Und wie zerfließen Zeit und Raum?
Ich weiß es nicht. Ich weiß es nicht.
Das habe ich vergessen!

Wie pocht das Herz in der Natur?
Wie klingt der Wind in Moll und Dur?
Was flüstert mir das Blümelein?
Was sagt der Mond zum Glücklichsein?
Ich weiß es nicht. Ich weiß es nicht.
Das habe ich vergessen!

Wie ist es, wenn der Tag erwacht?
Wie still ist eine Sternennacht?
Was lerne ich von einem Stein?
Heilt Barfußlaufen Seelenpein?
Ich weiß es nicht. Ich weiß es nicht.
Das habe ich vergessen!

Geh ich hinaus in Flur und Wald,
wird die Natur zur Heilanstalt.
Wie lautet bald schon der Befund?
Ich bin an Leib und Geist gesund.
Das weiß ich wohl. Das weiß ich wohl.
Ich hatte es vergessen!

Mehr Bescheidenheit

Warum bin ich so unzufrieden?
Was fehlt mir denn zum großen Glück?
Ich möcht mich Tag für Tag berauschen
an dir, du kleines Sahnestück!

Ich möchte tausend Wunder sehen,
so viele gibt es auf der Welt,
dann wär ich jeden Tag von Sinnen,
doch leider fehlt mir Zeit und Geld!

Drum muss ich mich wohl mehr bescheiden,
auch kleine Glücke machen froh,
ich treff die Welt in meinem Café
im zauberhaften Haberloh.

Wundervoll

Es rauscht das Meer mir Melodien,
das Glück strahlt aus dem Himmelblau,
wer will dem Paradies entfliehen,
sich dieser Frühlingswelt entziehen?
Ich will das nicht, ich bin so schlau!

Der Frühling gibt mir seinen Segen
bei zwanzig Grad im Januar,
ich kann mich in die Sonne legen
und zärtlich die Gedanken pflegen.
Ich sag euch, das ist wunderbar!

Ich überlege unterdessen,
dass man bei Wärme dichten soll,
ich kann hier frische Fische essen
so unter Palmen und Zypressen,
das finde ich so wundervoll.

Glücklichsein

Des Waldes Stille fängt uns ein,
den Vater Baum und mich, den Sohn,
es schwebt ein Blatt ganz ohne Ton
in diesen Ort zum Glücklichsein.

So friedlich strömt der weise Fluss,
belächelt von dem alten Mond,
der lautlos selbst im Wasser wohnt,
die Stille wird zum Hochgenuss.

Ich falle in das Schweigen ein
und höre meinem Herzschlag zu,
genieße diese Seelenruh
an diesem Ort zum Glücklichsein.

Die große Reise

Am Tage, als der Mensch geboren,
tritt er die große Reise an,
er schreitet aus dem Paradiese
und sucht den Garten Eden dann.

Im Kindesalter kann er staunen,
und zauberhaft erscheint die Welt,
die Pusteblumen lässt er tanzen,
allein dies Wunder ihm gefällt.

Man lässt den Kindern nicht das Schöne,
nun fängt der Ernst des Lebens an,
die Elfen nach und nach erblassen,
bald stirbt sogar der Weihnachtsmann.

Es folgen Jahre voller Pflichten,
die Zeit rückt vorwärts Stück für Stück,
bis alle Wunder sind vergessen,
auf dieser Suche nach dem Glück.

Man testet alle Möglichkeiten
und lotet alle Chancen aus,
man sucht den Weg zum Paradiese
und nimmt vor seinem Glück Reißaus.

Und irgendwann im späten Alter,
stellt man auf einmal für sich fest,
das Glück gedeiht am Wegesrande -
da naht auch schon der Lebensrest.

Der zufriedene Mensch

Erträumst du dir den Seelenfrieden,
den Zustand der Gelassenheit,
in dem dich keine Ängste quälen
und bist vom Zweifel auch befreit?

Dann glaubst du an des Rätsels Lösung,
kein Zweifel quält mehr deinen Geist,
du wirst dem Leben stets vertrauen,
die Ängste sind nun ausgereist.

Dein In-sich-Gehen bringt Erkenntnis,
es schenkt dir große Sicherheit,
die Liebe weist die rechte Richtung,
das Meditieren gibt dir Zeit.

Die Innenschau führt dich zur Stärke,
es wächst in dir Gelassenheit,
dazu ein tiefer, neuer Frieden,
der macht sich in der Seele breit.

Verliebt

Du schenkst mit deinem Augenblick
mir einen Blitzmoment zum Glück,
ich bin verliebt, das geb ich zu,
und das passiert mir stets im Nu.

Und es geschieht tagtäglich neu,
dass ich mich über Schönes freu,
das regt den alten Kreislauf an,
ich bin nun mal ein Dichtersmann.

Die Sonne scheint, ich bin verzückt,
wenn mich ein Zauber heut beglückt,
ein jeder sei wie ich verliebt,
weil das dem Dasein Freude gibt.

Ungebraucht zurück

Du brauchst mich nicht zum Glücklichsein,
das Glück kommt zu dir von allein
und breitet sich in Wellen aus
in deinem großen Lebenshaus.

Du brauchst mich für die Liebe nicht,
wenn tief in dir dein Herze spricht,
es schenkt dir viel Zufriedenheit,
die du dir wünschst in Liebeszeit.

Wo bleibt die Leichtigkeit des Seins,
die Heiterkeit des Sonnenscheins?
Die dunklen Schatten treiben fort
dein Lächeln und dein Liebeswort.

Wie schwer fällt manche Achtsamkeit,
ein jeder wünscht sich Glück statt Leid,
dann weinen sich die Herzen leer,
es fließt ein Fluss zum Tränenmeer.

Gut genug

Diese Nacht war gut genug,
dieser Tag ist gut genug,
dieser Vers ist gut genug.
Schluss mit dem Begehren!

Dieser Ort ist gut genug,
diese Zeit ist gut genug,
dieser Mensch ist gut genug.
Schluss mit dem Begehren!

Dieses Sein ist gut genug,
dieser Traum ist gut genug,
dieses Glück ist gut genug.
Schluss mit dem Begehren!

Ich bin selber gut genug,
für euch bin ich gut genug,
dies genügt nicht, ist der Wahn.
Schluss mit dem Begehren!

Herzerfüllend

Wolkenspiel und Harfenwind,
Herzen, die viel träumen,
Töne, die wie Liebe sind,
darf man nicht versäumen.

Seht euch dieses Mädchen an,
seid ganz Ohr den Klängen,
seine Seele lächeln kann,
will zum Licht sich drängen.

Wie verzaubert ist die Maid,
Töne silberhelle,
spürt ihr diese Seligkeit,
göttlich scheint die Quelle.

Jeder Ton gelangt ins Blut,
wandelt sich zur Stille,
in uns brodelt Lavaglut
und ein Beifallswille.

Doch wir halten uns zurück,
wollen uns berauschen
an der göttlichen Musik,
möchten weiter lauschen.

Himmlisch ist der Sphärenklang,
Liebe füllt die Herzen,
die Musik wird lebenslang
leuchten hell wie Kerzen.

Im Glück

Das Glück ist wie ein Schmetterling,
es tänzelt hin und her,
so schön wie ein Vergissmeinnicht
erweckt es mein Begehr.

Wenn jeder Tag ein Sommer ist,
dann ist das Glück uns nah,
ein Lächeln liegt in deinem Blick,
die Liebe ist nun da.

Aus einer weißen Wolke fällt
ein irres Hochgefühl,
voll Heiterkeit und Liebeslust
tanzt jedes Molekül.

Lob der Genüsse

Wünschst du dir ein heitres Leben,
musst du nach Genüssen streben
und vergessen alle Sorgen,
die im Dunkel sind verborgen.

Kurz ist unser Menschenleben,
darum lasst uns einen heben,
lieben all die schönen Frauen
bis zum lichten Morgengrauen.

Heut genießen wir die Zeiten,
die das Glück wird uns bereiten,
heiße Liebe in der Sonne
ist des Lebens höchste Wonne.

Außerdem bringt warmer Regen
unsrer Seele seinen Segen,
lasst uns hier und jetzt genießen,
unbeschwert soll Leben fließen.

Ein Abend mit Freunden

Blumen binden,
Glück empfinden
bei den Freunden untern Linden.
Sekt eingießen
und genießen,
bis die Freudentränen fließen.

Späße machen,
drüber lachen,
große Leidenschaft entfachen.
Tische decken,
Finger lecken,
manche Köstlichkeit entdecken.

Rotwein nippen,
Muscheln dippen,
Tapas überschreiten Lippen.
Zarter Schinken
will versinken,
mit Genuss ein Schlückchen trinken.

Zeit verbringen,
Lieder singen,
so wird Glücklichsein gelingen.
Liebe leben,
Freude geben,
selig nachts nach Hause schweben.

Vom Teilen

Beim Teilen ist das so:
Wer hat und gibt, wird froh,
teilt er die Habe auf,
dann freut er sich zuhauf.

Das Teilen ist nicht schwer:
Wer gibt, bekommt viel mehr
vom Reichtum auch zurück,
das nennt man Lebensglück.

Das Teilen macht auch Sinn:
lernt man es von Beginn,
nach dem geteilten Leid
folgt meist Glückseligkeit.

Beim Teilen ist das so:
Wer Gaben gibt, ist froh,
es ist des Lebens Zweck,
zu teilen seinen Speck.

Jetzt fängt das schöne Leben an

Jetzt fängt das schöne Leben an,
wo man sich frei entfalten kann,
die Lehrzeit ist für dich vorbei,
ein Ende hat die Schinderei.

Jetzt fängt das schöne Leben an
mit allem seinen Drum und Dran,
und wem die Liebe innewohnt,
der wird mit großem Glück belohnt.

Jetzt fängt das schöne Leben an,
von nun an heißt es stets: Wohlan!
Wer liebt, was er im Leben tut,
bekommt dafür viel Lebensmut.

Jetzt fängt das schöne Leben an,
weil man das Leben lieben kann,
und gibst du gern von deinem Glück,
dann kommt viel mehr zu dir zurück.

Mein Leben ist ein Fest

Mein Leben ist ein Fest,
es fängt schon morgens an,
ich schlage meine Augen auf,
dass ich es sehen kann.

Ich stehe zügig auf,
genieße meine Zeit,
dann trink ich einen Kräutertee
und bin zur Tat bereit.

Ich schreibe ein Gedicht
und bin von Herzen froh,
danach fahr ich ins Hofcafé
ins stille Haberloh.

Romantisch ist das Haus
für Gäste nah und fern,
ein jeder darf hier fröhlich sein,
ich habe alle gern.

Die Torte backt die Frau,
sie kocht unheimlich gut,
ich bringe alles hin zum Gast,
da lacht das Dichterblut.

Das Leben ist so schön,
schreib ich ins Manifest,
weil ich unendlich glücklich bin,
mein Leben ist ein Fest.

Im Dorf des glücklichen Lebens

Im Land der goldnen Berge,
am blauen Roten Meer
ist unser Leben heiter
und süß wie ein Dessert.

Die Menschen sind so freundlich,
der Himmel ist so hell,
die Wellen schlagen Liebe,
I like it very well.

Delphine singen Lieder,
die Fische schweigen still,
der Frieden hat uns wieder,
weil jeder ihn hier will.

Im Dorf des süßen Lebens,
dort finde ich mein Glück,
ich kehre immer wieder
nach Happy Life zurück.

Meisterstück

Das Meer liegt seelenruhig da,
ein Zauber glüht am Horizont,
die Sonne grüßt uns Inschallah,
der Tag ergießt sich honigblond.

Dann färbt sich dieser Morgen rot
und schenkt uns dieses Zauberlicht,
die Nacht stirbt einen Hungertod
und spricht zu mir: vergiss mein nicht.

Die Berge leuchten bald wie Gold,
es lacht mein Herz vor lauter Glück,
als wäre all das gottgewollt
und auch desgleichen Meisterstück.

Ziel: Glückskind

Lange Fahrt im Regenkalt
durch den dichten Fahrzeugwald,
konzentriert im Jetzt und Hier
sitze ich nun neben dir.

Stunden geht es gradeaus
auf der Straße mit Gebraus,
später über Berg und Tal –
durch die Eifel ist's normal.

Als der Regen nicht mehr rinnt,
lächelt mir das Enkelkind,
es macht Herz und Seele froh,
und dann lach ich ebenso.

Kinder sind das Glück der Welt,
und sie zählen mehr als Geld,
jeder Kilometer lohnt,
weil im Ziel ein Glückskind wohnt.

Ich werd verrückt!

Ich werd verrückt, nun bist du da,
mein kleine Enkeljunge,
ich tanze freudig Cha-Cha-Cha,
und schnalze mit der Zunge.

Ich werf den Hut hoch in die Luft
und drehe mich im Kreise,
zu mir dringt frischer Babyduft,
ein Stimmchen, das noch leise.

Wir wünschen dir, mein liebes Kind,
nur Frieden hier auf Erden,
doch sei du selbst ein frischer Wind
in deinem Sein und Werden.

Du wirst als fünftes Meisterstück
uns große Freude machen,
bleib stets gesund im großen Glück
und schenke uns dein Lachen.

Was für ein Glück

Was ist das für ein Glück,
dass du erblühst
als Frau mit Wangenrot
und jung gesüßt.

Was ist das für ein Glück,
dass du mein Kind,
mein Stolz ist grenzenlos
wie lauer Wind.

Was ist das für ein Glück,
dass du mir nah,
ein Herz im Morgenrot
ist ebenda.

Was ist das für ein Glück
auf dieser Welt,
ich schenk dir einen Stern
vom Himmelszelt.

Auf dem Gipfel

Auf einen Berg zu steigen,
erfüllt das Herz mit Glück,
es weitet sich die Seele
dort oben sich ein Stück.

Du spürst den Hauch der Götter
und atmest diesen ein,
dort oben auf dem Berge
fühlst du dich winzig klein.

Hoch über allen Wolken
erweitert sich der Raum,
du fühlst, die große Freiheit
bleibt niemals nur ein Traum.

Lass los die alten Ängste,
schau in die Ewigkeit,
der Augenblick der Wunder
gilt nur für kurze Zeit.

Unkaufbar

Heute sah ich einen Drachen
lebensfroh im hohen Wind,
morgen will ich einen basteln
mit dem süßen Enkelkind.

Und dann lassen wir ihn steigen,
bunt bemalt ist das Gesicht,
ungezügelt lockt die Freiheit,
ich schreib sie in ein Gedicht.

Hört ihr unser helles Lachen
auf dem alten Stoppelfeld?
Solche tollen Glücksgefühle
kauft man nicht für dickes Geld!

Goldner Schmetterling

Das Glück ist stets im Jetzt und Hier,
drum möchtest du es sein,
denn bist du selbst im Jetzt und Hier,
bist selbst du Sonnenschein.

Bist du dir selber Zeit und Raum,
ist deine Seele frei,
du träumst nicht, du bist selber Traum,
wie immer dem auch sei.

Bist du von Raum und Zeit befreit,
dann grenzenlos dich schwing
und schweb durch die Unendlichkeit
als goldner Schmetterling.

Tief im Innern

Ganz tief in deinem Innern,
im Dunkel deines Seins,
dort, wo die Träume wohnen,
bist du die Nummer eins.

Dort in der Herzenskammer,
im winzig kleinen Raum,
erblüht die Lotosblüte
zu einem großen Traum.

Im tiefsten Sein der Seele
dort wohnt dein eignes Glück,
du musst den Raum befüllen
mit Liebe Stück für Stück.

Du selber bist ein Wunder,
ein Teil vom Paradies,
entfalte alle Sinne
zu deinem goldnen Vlies.

Glücksschmied

So, wie mich Gedanken quälen,
tragen sie mich auch ins Glück,
alles, was ich mir erdenke,
wird am Ende sicher wahr.

Alles, was ich prophezeie,
folgt in Bälde auch die Tat,
unser Geist kennt keine Grenzen,
deshalb schaffen wir sie ab.

Alle Träume und Visionen
führen mich zu meinem Ziel,
nichts bleibt für mich unerreichbar,
ich bin meines Glückes Schmied.

Glück und Leid

Ein jeder Mensch strebt nach dem Glück
und meidet großes Leid,
das eint uns auf der weiten Welt
in Liebe, Raum und Zeit.

Nicht jeder Mensch bekommt sein Glück,
er trägt sein schweres Leid,
das trennt die Menschen auf der Welt,
verhindert Einigkeit.

Im Herz des Menschen wohnt sein Glück,
darin lebt auch sein Leid,
wenn er der Welt ein Lächeln schenkt,
kommt die Zufriedenheit.

Die Liebe ist des Menschen Glück
und manchmal auch sein Leid,
das eint uns auf der weiten Welt
in Frieden, Raum und Zeit.

Sehnsuchtsruf

Was wär ein Leben ohne Sehnsucht?
Wär deine Seele dann am Ziel?
Gibt es ein Leben ohne Wünsche?
Wie wichtig ist ein Sieg beim Spiel?

Stell dir nur vor, du wärest glücklich
mit allem, was dich grad umgibt,
du hast zu essen und zu trinken
und einen Partner, der dich liebt.

Du hast ein Auto, eine Wohnung,
und auf der Bank ein wenig Geld,
einmal im Jahr fährst du in Urlaub,
erlebst die große, weite Welt.

Und doch spürst du in dir die Sehnsucht,
die sagt, es fehlt dir was zum Glück,
dein Leben willst du gern erweitern,
der Sehnsuchtsruf hilft dir ein Stück.

Was fehlt zum Glück

Das große Glück hab ich gefunden,
es steckt im Kleinen dieser Welt,
denn Liebe, Freundschaft und Gesundheit
bekommt man selten für sein Geld.

Es fehlt zum Glück der tiefe Frieden,
ein In-sich-Ruhen ohne Plan,
die kleinen Wunder großer Herzen,
ein Abenteuer in Bhutan.

Ich denke, es sind nur Nuancen
der Schönheit eines Augenblicks,
ein jeder will den Blick erweitern,
das sind die alten Sehnsuchtstricks.

Das große Glück hab ich gefunden,
ich liebe das, was ich so tu,
ein jeder Tag schenkt mir ein Wunder,
das Leben ist der große Clou.

Glückstag

Heute will ich fröhlich sein
mit den kleinen Engelein,
lachend spielen auf dem Grün
und vor guter Laune sprühn.

Heute ist es sommerheiß,
Sonne brennt uns zum Beweis,
Wasser bringt uns kühlen Spaß
in der Wanne auf dem Gras.

Jauchzend froh der Kleine lacht,
wenn der Opa Unsinn macht,
weil der Alte mächtig schwitzt,
wird mit Wasser er bespritzt.

Ei das macht die Enkel froh,
und vergnüglich ebenso,
ganz zum Schluss gibt es als Preis
noch ein leckres Sahneeis.

Der Mondmann schaut genüsslich zu

Warm schmiegt die Nacht sich an die Kälte,
du träumst vom Frühling immerzu,
die Sterne lächeln in den Morgen,
der Mondmann schaut genüsslich zu.

Dein Anblick macht die Seele glücklich,
wie zauberhaft flammt dein Dessous,
die Süße deiner Erdbeerlippen ...
der Mondmann schaut genüsslich zu.

Die Sonne gießt sich in den Morgen
und perlenfeucht lockt dein Bijou,
die Liebe wird heut neu geboren,
der Mondmann schaut genüsslich zu.

Stillschweigen

Der kleine Bach im Frühlingsrausch
hüpft über Stock und Stein,
er plätschert leise vor sich hin,
er lässt mich nicht allein.

Die Anemone lächelt still
im ufernahen Wald,
sie ist so süß, so wunderschön,
schon hab ich mich verknallt.

Wie lieblich klingt die Sinfonie
im Herzen der Natur,
da kann ich nur noch glücklich sein
auf meiner Wandertour.

Ein tiefer Frieden ruht in mir,
die Welt wird plötzlich still,
auch meine Seele fühlt sich wohl,
so dass ich schweigen will.

Frühlingsgeschenk

Das Glück erblüht am Apfelbaum,
freut sich die flotte Biene,
ein zuckersüßer Honigtraum
erheitert ihre Miene.

Die Sonne lacht im Wiesengrün
verlockt die dicke Hummel,
sie macht sich auf den Weg gar kühn
zu einem Honigbummel.

Die Drossel singt vom großen Glück
auf einer hohen Tanne
ein wunderschönes Frühlingsstück
für sich und ihren Manne.

Mein Glück erstrahlt im Jetzt und Hier,
es wohnt mir quasi inne,
drum schenke ich es gerne dir,
du allerliebste Minne.

Stille Freude

Die Eichen säuseln leis Hallo,
sie grüßen Blatt für Blatt
aus unserm kleinen Haberloh,
wo man viel Freude hat.

Die Blumen sind wie hingestreut,
ihr süßes Lächeln blüht,
der Garten ist ein Therapeut,
vom Blau die Sonne glüht.

Die Stille breitet Freude aus,
im Herz erwacht das Glück,
wer einmal kommt ins Caféhaus,
denkt gern an uns zurück.

Frühlingsrauschen

Finkenrufe, Frühlingsrauschen,
Glockenklänge wie von fern,
die Fontäne aus dem Brunnen
habe ich besonders gern.

Schmetterlinge tanzen Walzer,
frisch winkt mir das Buchengrün,
auf der Wiese Gänseblümchen,
die Gedanken werden kühn.

Harmonie der Frühlingstöne,
Schwingungen der Liebeslust,
dieses Paradies auf Erden
wird mir plötzlich sehr bewusst.

Grüne Schafe lächeln Frieden,
der dringt tief ins Herz hinein.
Hörst du auch das Frühlingsrauschen?
Glücklicher kannst du nicht sein!

Wiesenstille

Über mir das Himmelsmeer,
unter mir das Grashalmheer,
ab und zu ein Schmetterling,
Wiesenstille ist mein Ding.

Halme tanzen leicht im Wind
freudestrahlend wie ein Kind,
Bienen summen wild herum
wie im Glücksdelirium.

Kleiner See liebt großes Glück,
spiegelt Himmelblau zurück,
für ein frisch verliebtes Paar
werden alle Wünsche wahr.

Eine Birke grüßt mich kühn,
kämmt das Engelshaar sich grün,
dazu tanzt ein Schmetterling,
Wiesenstille ist mein Ding.

X-mal

Der Tag erglüht im Frühlingslicht,
die Sonne kommt in Frieden,
die Amsel mir ein Lied verspricht,
mein Glück will ich nun schmieden.

Der Flieder breitet Lila aus,
der Tag erblüht als Wunder,
die Heiterkeit schmiegt sich ans Haus,
wirft weg den alten Plunder.

Und auch der Honigduft erwacht,
er lockt die flotten Bienen,
so manche Blüte fröhlich lacht,
sie will den Immen dienen.

Der Morgen küsst das Himmelblau,
der Frohsinn macht die Runde,
ich küsse meine süße Frau
x-mal in jener Stunde.

Einladung ins Paradies

Leises Rauschen in den Wipfeln,
aus dem Laubwerk Flötenklang,
Täuberich gurrt seiner Taube
seine Liebe stundenlang.

Eichen atmen tiefen Frieden,
Rosen blühen um mich her,
Wattetupfer voller Frische
segeln auf dem Himmelsmeer.

Dort, wo grüne Schafe lächeln,
Grillen zirpen im Quartett,
lässt man seine Seele baumeln,
ist es ganz besonders nett.

Dieses Glück möcht ich gern teilen,
darum lade ich euch ein,
hier in diesem Paradiese
irgendwann mein Gast zu sein.

Der Verehrer

Kaum fängst du an zu singen,
stimmt er sein Loblied an,
er will dir Freude bringen,
sobald er es nur kann.

Und gehst du mal auf Reisen,
hör ich, was dann geschieht,
erklingen seine Weisen
als Tränensehnsuchtslied.

Er ist im Liebesmodus
und lebt ihn Stück für Stück,
dein Herz ist sein Begleiter,
das Abendrot sein Glück.

Im Paradiese

Ein Prickeln geht durch die Natur,
die Nacht hat sich verzogen,
in taubenetzter, grüner Flur
erwacht ein bunter Troubadour
und schwingt den Geigenbogen.

Ich atme diese Stille ein
und wate durch die Wiese,
der Tau brilliert im Sonnenschein,
hier werd ich heut glücklich sein,
ich bin im Paradiese.

Sommerliche Glückseligkeit

So sommerlich die Welt erglüht
im heißen Licht.
Die Lerche singt
in blauer Luft, ihr Herze spricht
zu meine Seele wie beschwingt.

Im Liebesrausch, im Sehnsuchtsnah
spür ich dein Haar.
Dein süßer Kuss,
ein Jubelfest, wird fortan wahr,
glückselig quillt der Liebesfluss.

Septembermorgen

Der Tag erwacht in sanfter Stille,
ein Schimmer durch die Wolken bricht,
es zeigt sich der Septemberwille
erneut im sommerfrohen Licht.

Der Tau ruht auf den Brombeerblättern,
er glänzt versilbert auf dem Netz,
als wollte er zur Spinne klettern
ganz wider dem Naturgesetz.

Ein Vögelchen pflückt rote Beeren,
das Eichhorn jauchzt in frischer Lust,
ja selbst die jungen Hirsche röhren
nach schönen Mädchen selbstbewusst.

Lasst uns den neuen Tag begrüßen,
das Leben ist so wunderschön,
ein Lächeln wird mir heut versüßen
das Glück mit dir im Wohlergehn.

Bald schon, bald

Im welken Morgen lockt ein Vogel
mich in den lichten Tag hinein,
blau-weiß erstrahlt der weite Himmel,
in Gold ein Blatt im Sonnenschein.

Der Wald wird mich mit Gold beschenken,
ich fühle mich von Herzen reich,
wenn ich die großen Truhen fülle,
bin ich viel reicher als ein Scheich.

Dann werde ich im Golde baden,
und glücklich macht mich jedes Blatt,
den Geldsack werde ich verlachen,
weil dieser nur Papiergeld hat.

Goldener Herbsttag

Ein goldnes Blatt schwebt über Land
als Schmetterling der Stille,
die Sonne setzt den Wald in Brand,
das ist ihr letzter Wille.

Wie farbenfroh erscheint die Welt,
der Herbst ist Malermeister,
er gibt dem Sommer Fersengeld,
ruft bald die Nebelgeister.

Der Wald macht jeden Armen reich
mit goldenen Dukaten,
ich fühle mich als Wüstenscheich,
will all das Geld verbraten.

Der Tag schenkt einen Augenblick
mir ein Oktoberwunder,
nach diesem ungeahnten Glück
trink ich ein Glas Burgunder.

Wunderbaum

Blattgold leuchtet hell am Ginkgo
fächerförmig mir das Glück,
da muss ich an Goethe denken,
an die Zeiten weit zurück.

Wie ein Vogel steigt die Seele
auf den edlen Wunderbaum,
bald beginnt das Glück zu rieseln
als Zitronenfaltertraum.

Butterweich liebkost die Sonne
jedes blanke Ginkgoblatt,
bis der größte Liebesreichtum
Platz in meinem Herzen hat.

Die Magie der Berührung

Berührung heißt die Therapie,
die heilend uns verbindet,
es fließt dabei ein Glückshormon,
das sich in uns befindet.

So federzart ist der Kontakt
und intensiv das Feuer,
so zärtlich jene Leidenschaft
im Liebesabenteuer.

Die Hände wandern auf der Haut,
die Lippen und die Zungen
erkunden unbekanntes Land
auf ihren Wanderungen.

Verspürst du diese Kernfusion,
wo Haut und Haut sich bindet,
bis magisch sich ein liebend Herz
in einem andren findet?

Marienkäferlein

Das Glück ist heut zu Gast,
es hält hier eine Rast,
Marienkäferlein,
du sollst mein Glücksgast sein.

Ich freu mich, dass du da,
und rufe laut: Hurra!
Bleibst du als Glücksgast hier,
bist du mein mon plaisier.

Trara!

Bewahre dir dein Temp'rament,
behalte auch dein Feuer,
dann spürst du jedes Glücksmoment
im Lebensabenteuer.

Genieße jeden Augenblick
und öffne deine Sinne,
das Glück kennt einen Zaubertrick,
die Liebe bringt Gewinne.

Bleib stets und ständig Optimist,
vom Herzen scheint die Sonne,
doch wenn ein Ärger in dir frisst,
dann tritt ihn in die Tonne.

Gesundheit tut dem Leben wohl
dein Frieden sei dir wichtig,
ein Blümchen schenk ich als Symbol
und drücke dich mal richtig.

Nachts am Fluss

Die Nacht ist lind und zärtlich,
gar schläfrig strömt der Fluss,
der Wind spielt in den Weiden,
so fern sind alle Leiden
bei einem süßen Kuss.

Es glucksen leis die Fische,
das Wasser geht an Land,
die Nacht beginnt zu leben,
wenn lichte Nebel schweben
so wie von Geisterhand.

Vom Ufer steigen Düfte,
versilbert glänzt das Nass,
es duftet nach Kamille
in nächtlich weiter Stille,
der Mond wird leichenblass.

Herzblicken

Es gibt so viele leichte Fragen.
Die Antwort darauf ist nur schwer.
Wie kann ich dir ins Herze blicken?
Wie schlüpfe ich durchs Nadelöhr?

Worin besteht der Sinn des Lebens?
Warum nur bin ich auf der Welt?
Wie fange ich den Regenbogen?
Die Lösung ist ein weites Feld.

Wie kann ich zu den Sternen fliegen?
Weswegen weine ich vor Glück?
Wie finde ich den tiefen Frieden?
Wann ist der rechte Augenblick?

Was bringt mich dazu, laut zu lachen?
Wie übt man stets Gerechtigkeit?
Wie kann ich dir ins Herze blicken?
Was bleibt mir noch von meiner Zeit?

Danke an das Leben

Nun wird es allerhöchste Zeit,
dem Leben einmal Dank zu sagen,
mein Herz ist grundsätzlich bereit,
so wurde es mir aufgetragen.

Ich danke, dass ich atmen kann
und für mein Dasein hier auf Erden,
auch dass ich hier als Dichtersmann
kann schreibend immer älter werden.

Ich danke, dass ich nicht allein
muss immerfort mein Leben fristen,
mit Freunden darf ich glücklich sein,
die Liebe mag im Herzen nisten.

Ich danke dieser schönen Welt,
sie bringt mich jederzeit zum Staunen,
lieg ich unter dem Sternenzelt,
dann ist das Moos so weich wie Daunen.

Ich danke jedem, der mich lehrt,
das Wunderbare zu entdecken,
und alles, was mir widerfährt,
lässt mich das Dasein köstlich schmecken.

Ich danke dir und dir und dir,
und hoffe, dass ich nichts vergesse,
du bist mein Lebenselixier,
mein Atemhauch, mein Interesse.

Ende der Leere

Gar mancher fühlt sich öd und leer,
drum sucht er rastlos nach der Zeit,
er füllt sie auf mit mehr und mehr
und findet keine Leichtigkeit.

Ein Virus steckt fast alle an,
dann wächst die Sucht nach mehr und mehr,
bis man kein Frieden finden kann,
im großen Konsumentenheer.

Halt ein und atme ein und aus
und spüre, dass du wirklich bist,
die Ruhe kehrt zurück nach Haus,
du spürst, wie Frieden in dir ist.

Dein Dasein ist ein Wunderwerk,
du atmest deinen Geist zurück
und wächst zu einem großen Berg,
im Jetzt besteht dein großes Glück.

Freude leben

Sei präsent im Momentanen,
existiere Hier und Jetzt,
liebe stets dein Tun im Dasein,
sei gelassen, nie gehetzt.

Spür den Augenblick der Freude,
halte ihn für ewig fest,
sei am Abend dafür dankbar,
schön wird auch der Lebensrest.

Schreib dir eine Freudenliste.
Wann fühlst du das kleine Glück?
Was bereichert dir dein Leben?
Wie gelingt das Meisterstück?

Gib dein Bestes, Spaß zu haben,
trag im Herzen Euphorie,
transportiere sie nach außen,
das schenkt neue Energie.

Schare um dich gute Freunde,
schenke ihnen deine Zeit,
teil mit ihnen deinen Freuden,
dann erlebst du Menschlichkeit.

Gib mit Worten und mit Taten,
schenke einem Fremden Glück,
schöpfe Liebe aus dem Herzen,
Freude kommt zu dir zurück.

Unfassbar

Mein Atem blüht als Blume auf
im goldbeblättertem November,
ich fühle mich wie Morgentau
beperlt wie Diamantgewänder.

Ich atme aus, mein Atem schwebt
frei wie ein Kondor in den Anden,
der Raum um ihn ist tief und wahr,
auf einem Gipfel wird er landen.

Mein Atem lässt die Seele frei,
ich werde ruhig und gelassen
auf meiner Zuflucht zu mir selbst
und kann mein tiefes Glück nicht fassen.

Verschenkte Zeit

Wir schenken unsern Kindern Zeit
und noch vielmehr Geborgenheit,
das große Glück auf dieser Welt
erhalten sie ganz ohne Geld.

Wir schenken unsern Eltern Zeit,
gefüllt mit lauter Dankbarkeit,
wir geben ihnen so ein Stück
von ihrer Herzlichkeit zurück.

Wir schenken unsern Freunden Zeit
mit Taten voller Ehrlichkeit,
allein zu reden, macht uns froh
im Herzen wie sonst nirgendwo.

Wir schenken unsern Gästen Zeit
in unserm Haus der Herzlichkeit,
vergessen wird die Alltagslast,
willkommen ist ein jeder Gast.

Das Ziel des Lebens

Was ist das Ziel des Lebens?
Ein Leben ohne Leid,
ein Leben in Gesundheit
bis in die Ewigkeit?

Was ist das Ziel des Lebens?
Ein Leben in Genuss,
voll Höher, Schneller, Weiter
bis hin zum Lebensschluss?

Was ist das Ziel des Lebens?
Ein Leben völlig frei,
lass los, was dich behindert,
Erlösung eilt herbei.

Was ist das Ziel des Lebens?
Ein Leben stets im Glück,
gib freudig aus dem Herzen
vom Himmelreich ein Stück.

Ende der Suche

Nach langem Suchen hier und dort
in Tempeln hier auf Erden
erreichst du deinen Seelenhort
und spürst dich größer werden.

Du suchtest ihn auf dieser Welt,
den Gott für alle Fälle,
der ein geheimnisvoller Held
und allen Glückes Quelle.

Doch alles, was du suchst in Gott,
das ist dir längst gegeben,
du bist vollkommen, sapperlot!
Mehr brauchst du nicht zum Leben.

Das Gutsein ist dein Wesenskern,
aus dir erwächst die Liebe,
so hast du alle Wesen gern,
Halunken auch und Diebe.

Machst du dich von Dämonen frei,
dann schwinden deine Leiden,
der Schmerz entflieht, wie dem auch sei,
das kann ich dir beeiden.

Ganz plötzlich hört dein Suchen auf,
du spürst dein reines Wesen,
und selbstlos wird dein Lebenslauf,
an dem du längst genesen.

Friedensvertrag

Niemals möchte ich dir schaden
oder dir was Böses tun,
will in Liebe mit dir baden,
denn ich bin mit dir kommun.

Sollte ich dich mal verletzen,
tut mir das von Herzen leid,
ich werd alles daransetzen,
dass das Leben mir verzeiht.

Sollte ich mal wütend werden,
kehre ich zu mir zurück,
tiefes Atmen schwächt Beschwerden,
zeigt den Weg zum Liebesglück.

Leiden möchte ich vermeiden,
übe deshalb Achtsamkeit,
möchte Liebe dir beeiden
für den Rest der Lebenszeit.

In Liebe im Paradies

Du bist wie eine Lotosblüte,
so zauberhaft und filigran,
du leuchtest voller Herzensgüte,
ich bin von dir so angetan.

Die Zeit lässt unsre Herzen schlagen
im froh gestimmten Walzertakt,
lass weiter uns die Liebe wagen
und üben uns im Schöpfungsakt.

Mein Lächeln möchte ich dir schenken
und einen brennend heißen Kuss,
ich werde zärtlich dich bedenken,
die Liebe selbst kennt keinen Schluss.

Im Harmonie der tiefen Seelen
verlieren wir uns in der Zeit,
du bist so selten wie Juwelen,
voll einfühlsamer Menschlichkeit.

Wie wunderbar erblüht das Leben
zu einer herrlichen Idee,
drum lass uns wie die Falter schweben,
du meine hinreißende Fee.

Das Glück wächst auf der grünen Wiese,
der Frieden schenkt uns Honig ein,
wir schaffen uns das Paradiese
und werden stets in Liebe sein.

Der Weg ins Elysium

Die wahre Liebe schenkt nur Glück,
sie fügt niemandem Schaden zu,
verstehen wir das Gegenstück
dann finden beide Seelen Ruh.

Was macht mir das Verständnis schwer?
Erkenne ich des andren Leid?
Wo nehm ich die Erkenntnis her?
Wo liegt die größte Schwierigkeit?

Erkenne ich das eigne Leid,
dann finde ich der Wahrheit Quell,
die Gegenwart hält Glück bereit,
den Rest erlerne ich sehr schnell.

Und liebe ich mich wahrlich rein,
entwickle ich das Mitgefühl,
wird grenzenlos die Liebe sein,
sie schwingt in jedem Molekül.

Wenn meine Liebe Freude bringt
und andren Menschen wohl gefällt,
wenn diese dann noch glücklich sind,
trag ich den Frieden in die Welt.

Die wahre Liebe bringt das Glück,
drum geh ich achtsam damit um,
sie selbst ist unser Meisterstück,
der Weg führt ins Elysium.

In unserem Herzen

Die Liebe wohnt in unsrem Herzen,
sie ist die Quelle allen Seins,
von Raum und Zeit ist sie die Seele,
die Zauberkraft des hellen Scheins.

Der Friede wohnt in unsrem Herzen,
der Ausdruck unsrer Leidenschaft,
wenn wir in Frieden Liebe geben,
dann sind wir wahrhaft heldenhaft.

Die Güte wohnt in unsren Herzen,
zu geben bringt das höchste Glück,
so geben wir zum Weihnachtsfeste
von unsrer Liebe euch ein Stück.

Harmonie

Stille ruht im Denken,
Stille haucht ein Wort,
Stille dient dem Handeln,
Stille immerfort.

Wahrheit ruht im Denken,
Wahrheit haucht ein Wort,
Wahrheit dient dem Handeln,
Wahrheit immerfort.

Liebe ruht im Denken,
Liebe haucht ein Wort,
Liebe dient dem Handeln,
Liebe immerfort.

Frieden ruht im Denken,
Frieden haucht ein Wort,
Frieden dient dem Handeln,
Frieden immerfort.

Brief und Siegel

Ach, wer zählt denn schon die Jahre
und blickt auf die Zeit zurück,
deine Zeit ist keine Ware,
niemand kauft für Geld sein Glück.

Schön sind diese Augenblicke,
wenn dein Herz voll Harmonie,
treffen dich auch Missgeschicke,
spürst du in dir viel Magie.

Liebe schenkt dir Wohlbefinden,
Frieden dir dein Seelenheil,
wenn zwei Herzen sich verbinden,
ist das einfach supergeil.

Stehst du morgens vor dem Spiegel,
schaut ein Lächeln froh dich an,
gebe ich dir Brief und Siegel,
Leben schmeckt nach Marzipan.

Lass es fließen

Lass doch fließen die Natur,
hier und jetzt sind Herz und Seele,
Blätter rauschen dir in Dur,
niemand gibt dir die Befehle.

Lerchen singen dir ein Lied
in den lichten Himmelssphären,
welcher Plan mit dir geschieht,
wollen sie dir so erklären.

Abends wenn der Regen rinnt,
hörst du leise Tropfen singen,
wenn dein Leben neu beginnt,
wird es noch mehr Freude bringen.

Denke nach und werde reich,
Liebe schenkt dir tiefen Frieden,
du bist all den Göttern gleich,
Glück ist dir im Herz beschieden.

Geburt eines Buches

Viele Jahre sind vergangen,
täglich schrieb ich ein Gedicht,
viele Seite sind beschrieben,
trotzdem übe ich Verzicht.

Mancher Vers ist für die Tonne,
nur das Beste soll hinein,
Lebensglück aus meinem Herzen
leuchtet wie der Sonnenschein.

Alle Fehler sind beseitigt,
auch das Cover ist kreiert,
Glück verrät nun sein Geheimnis,
das den Leser anvisiert.

Jeder Tag schenkt kleine Wunder,
eines ist sein Meisterstück,
in dem Buche steht geschrieben,
aus uns selber wächst das Glück.

Ich freue mich

Ich freue mich auf diesen Tag,
die Sonne lächelt Heiterkeit,
im Spiegel lacht ein Mann mich an,
das wird wohl eine schöne Zeit.

Ich freue mich auf diesen Tag,
denn heut begegnet mir das Glück,
die Liebste küsst mich auf den Mund,
sie ist mein allerbestes Stück.

Ich freue mich auf diesen Tag,
ein fremder Mensch hält bei mir Rast,
wie wunderschön ist seine Welt,
noch besser ist, dass er mein Gast.

Ich freue mich auf diesen Tag,
die Vögel singen mir ein Lied,
die Seele tanzt, mein Herze lacht,
der Bauch hat großen Appetit.

Ich freue mich auf diesen Tag,
ein Sommertag, der mir gefällt,
mein Leben ist so sagenhaft,
das Schönste auf der ganzen Welt.

Fangt an zu lächeln

Begegnest du mal einem Fremden,
schau ihn von Herz zu Herz dir an
und blicke tief in seine Augen,
sie tief man eben schauen kann.

Versuche doch, ihn zu verstehen,
die Sprache trennt niemals das Wort,
die Liebe kann man gut erfühlen
zu jeder Zeit, an jedem Ort.

Verstehe, was euch beide bindet,
was euch als Menschen so vereint,
ein jeder will nach Glück nur streben
und niemand gerne Tränen weint.

Erzählt einander von den Freuden,
auch wenn das Wort ihr nicht versteht,
die Liebe lässt euch beide spüren,
was in dem andren vor sich geht.

Es gibt viel mehr, was euch verbindet,
darum ist auch das Leben toll,
wer Liebe sät, der wird sie ernten,
das Sein ist einfach wundervoll.

Lasst uns vor allem Liebe geben,
fangt jetzt mit einem Lächeln an
und schenkt es eurem Gegenüber,
damit auch er voll Glück sein kann.

Wenn ich glücklich bin

Wenn ich glücklich bin,
leuchten meine Augen,
lächeln meine Lippen
vor überfließender Freude,
finde ich mich in der Liebe.

Wenn ich glücklich bin,
befinde ich mich im Hier und Jetzt,
und meine Sinne empfinden
den göttlichen Staub,
den Regen, den Wind und das Licht.

Wenn ich glücklich bin,
hat die Angst den Tod gegessen
und der Tod die Angst,
weine ich und lache
und der Himmel küsst meine Seele.

Wenn ich glücklich bin,
habe ich mich selbst gefunden,
teile ich, was ich habe,
verschenke mein Licht
und mein liebendes Herz.

Von den vier Tugenden

Vier Wege, die zum Reichtum führen,
beschenken uns mit großem Glück,
so werden wir die Liebe spüren
und Frieden finden Stück für Stück.

Wir wollen alles Leben schätzen
und tragen Liebe in die Welt,
wir sind ein kleiner Teil des Ganzen,
ein Staubkorn unterm Himmelszelt.

Wir wollen sein, wie wir geschaffen,
voll Güte und Wahrhaftigkeit,
wir gehen unsern Weg in Frieden
und suchen die Gelassenheit.

Die Sanftmut wohnt in unsren Herzen,
sie rät mit Mut zur Akzeptanz
und zeigt die Richtung zur Vergebung,
ja, ihr gebührt der Ehrenkranz.

Wenn wir uns alle unterstützen
mit Liebeswort und Liebestat,
dann ist die Menschlichkeit geboren,
das ist Laotses Postulat.

Vier Wege, die zum Reichtum führen,
beschenken uns mit großem Glück,
so werden wir die Liebe spüren
und Frieden finden Stück für Stück.

Der Tag beginnt

Die Nacht ist aus, der Tag beginnt,
ich freu mich wie ein kleines Kind
und bin aufs Äußerste gespannt,
was so geschieht im Liebesland.

Bevor der helle Tag erwacht,
wird deshalb folgendes gemacht:
ich küsse zärtlich meine Frau
und warte auf das Himmelblau.

Dann lasse ich das Glück herein,
es soll doch immer bei uns sein,
wie immer geht es ziemlich schnell -
und schon ist unser Tag auch hell.

Ein Lachen dringt durch unser Haus,
wir leben heiter, ei der Daus!
Wir lieben uns im Jetzt und Hier
als Kapitän und Passagier.

Zum Glück bereit

Ich sehe einen Tag,
der königlich erleuchtet
in Gold und Blau, mich deuchtet,
dass ich dich heftig mag.

Ich nehme diese Zeit
und möchte mich verlieben,
nicht einmal, sondern sieben,
bis zur Unendlichkeit.

Komm in die goldne Flur,
spürst du die Leichtigkeiten
in diesen goldnen Zeiten
bei einer Liebeskur.

Ich liebe diese Zeit,
die dich und mich verbindet,
bis dass der Sinn uns schwindet,
wir sind zum Glück bereit.

Brüderlein

Jeder Mensch sehnt sich nach Liebe,
jeder möchte glücklich sein,
jeder will in Frieden leben,
jeder liebt den Sonnenschein.

Jeder liebt den blauen Himmel,
jeder mag die Sternenpracht,
jeder wünscht sich tiefe Stille,
jeder kennt die Gottesmacht.

Jeder braucht die Luft zum Atmen,
jedermann benötigt Brot,
jeder trinkt gern klares Wasser,
niemand leidet gerne Not.

Kommt, wir geben alle Liebe,
lasst uns alle glücklich sein
und den großen Frieden leben,
wir sind alle Brüderlein.

Viel Glück

Es gibt viel Glück in unsrer Welt,
das größte Glück ist Frieden,
drum sei dir dieses größte Glück
an jedem Tag beschieden.

Es gibt viel Glück auf dieser Welt,
ein großes Glück ist Leben,
drum sei für Seele und den Leib
Gesundheit dir gegeben.

Es gibt viel Glück in unsrer Welt,
ein Wunder ist die Liebe,
wer immer sie im Herzen trägt,
dem schaden keine Diebe.

Es gibt viel Glück in unsrer Welt,
ein Stück woll'n wir verschenken,
auch wenn du heut nicht bei uns bist,
wir werden an dich denken.

Lebe dein Leben

Lebe dein Leben in wachsender Liebe,
die sich vom Herz bis zur Seele zieht.
Und kommen zu dir die Zeitendiebe,
dann singe dein sorgenfreies Lied.

Lebe dein Leben im Jetzt und im Hier,
der Zauber besteht stets im Augenblick,
und schreibst du es auf ein weißes Papier,
dann weißt du um meinen alten Trick.

Lebe dein Leben im göttlichen Frieden,
die Stille in dir wird herrlichen Ruh,
nur du allein kannst dein Glück dir schmieden,
Lebe dein Leben im Glück immerzu.

Vom Träumen

Irgendwie will ich mich suchen,
finde ich das eigne Selbst?
Irgendwie will ich verstehen,
was mein Herz zu träumen wagt.

Alle meine großen Träume
wachsen aus dem Herz heraus,
träumend planen meine Geister
für mich die Glückseligkeit.

Wünsche werden Träume weben,
jeder Wunsch ein Unikat,
ich vertraue meinen Träumen,
führ das Leben, was ich will.

Jeder Traum ist unerlässlich,
drum lass ich das Denken sein,
will die Seele Ruhe tanken,
träume ich und wünsche mir.

Glücksaktivierung

Elegant und stets adrett,
attraktiv vor allen Dingen,
und dazu auch supernett,
soll dein Tun dir auch gelingen.

Nur drei Dinge braucht die Frau,
erstens einen tiefen Frieden,
ein gesunder Körperbau
und viel Liebe sei beschieden.

Wer geboren ist im März,
kann den Lenz extrem genießen,
denn er hat ein großes Herz,
aus dem viele Blumen sprießen.

Feiere ein schönes Fest,
alle Lieben gratulieren,
wer die Zukunft offen lässt,
wird sein Glück stets aktivieren.

Liebevolle Güte

Wir wünschen uns, gesund zu sein
und frei von allen Leiden,
ob Regen oder Sonnenschein,
das Leben wird entscheiden.

Ein Leben ohne Hass und Gier
und frei von der Verblendung
schenkt Frieden uns im Jetzt und Hier
und meistens auch Gesundung.

Üb Ruhe und Gelassenheit,
so stärken wir den Frieden,
wir haben eine gute Zeit
und Glück ist uns beschieden.

Verschenken wir nun Stück für Stück
die Liebe aus dem Herzen,
begegnet uns das große Glück,
verlassen uns die Schmerzen.

Dankbarkeit

Wie dankbar bin ich für das Leben.
Wie dankbar bin ich für die Liebe.
Wie dankbar bin ich für den Atem.
Wie dankbar bin ich für das Licht.

Wie dankbar bin ich für den Frieden.
Wie dankbar bin ich für die Stille.
Wie dankbar bin ich Gottes Segen.
Wie dankbar bin ich, dass ich bin.

Wie dankbar bin ich Mond und Sternen.
Wie dankbar bin ich meiner Erde.
Wie dankbar bin ich Meer und Bergen.
Wie dankbar bin ich für die Luft.

Wie dankbar bin ich meinen Eltern.
Wie dankbar bin ich meinen Kindern.
Wie dankbar bin ich meinen Freunden.
Wie dankbar bin ich für das Glück.

Das Leben ist schön

Trete morgens vor den Spiegel,
lächle dich mit Liebe an,
bis das Glück im Gegenüber,
einfach nur noch strahlen kann.

Frag nicht nach dem Sinn des Lebens,
schenke dir dein eigens Glück,
sieh, so viele schönen Dinge
sind Begleiter dir ein Stück.

Such und finde deinen Frieden,
schenke dir Gelassenheit,
denn dein Aufenthalt auf Erden
wünscht sich eine schöne Zeit.

Und verschenke all die Liebe,
die in deinem Herzen wohnt,
denn das Gute wegzugeben,
ist das Einzige, was lohnt.

Rötet sich die Welt im Westen,
setz dich auf die Gartenbank,
denke an die kleinen Freuden,
schenke deinem Tage Dank.

Ich liebe das Leben

Ich liebe das Leben in Lärm und in Stille,
das Auf und das Ab, das stets mich umgibt,
das Meer und die Sonne, den Wal und die Grille
und alles, was sonst man am Leben so liebt.

Ich liebe die Tiere, die Menschen, die Götter
und bin selbst nur Staubkorn im ewigen All,
ich liebe mein Leben trotz all meiner Spötter,
die denken, der Roland, der hat einen Knall.

Ich liebe mich selber mit all meinen Macken
und bin auf dem Wege zum ewigen Glück,
das werde ich diesmal am Schopfe anpacken
und wieder verschenken, so ganz Stück für Stück.
.

Im Hier und Jetzt

Ich zieh mit Glück und Freude
ins Hier und Jetzt hinein,
ein Ort des tiefen Friedens
wird im Moment dort sein.

Es leben meine Zellen
stets in der Gegenwart,
es folgen Geist und Körper
der Zellenlebensart.

Die Macht der großen Seele
bringt Ruhe mir zurück,
ganz tief in mir verspüre
ich Hier und Jetzt das Glück.

Ich heile im Momente
und bin total präsent,
verspüre Glück und Freude,
so wie es jeder kennt.

Sehen und staunen

Ein jeder Tag im Leben
ist einmalig und neu,
wenn ich nur achtsam schaue,
an Wundern ich mich freu.

Ich schreibe die Geschichte
von allem Schönen auf,
es staunen alle Leute
und wundern sich zuhauf.

Ich sehe Wunderbares
mit großer Leichtigkeit,
es lebt in mir die Liebe,
das Glück für alle Zeit.

Es lebt in mir das Kinde
in all den Jahren fort,
ich sehe und ich staune
immens an jedem Ort.

Sommerglück

Ein märchenhafter Sommertag
bereitet uns Entzücken,
wir gehn hinaus ins klare Grün
und lassen uns beglücken.

Die Sonne scheint direkt ins Herz,
das Licht erhellt die Seele,
die Vögel schmettern uns ein Lied
hinaus aus voller Kehle.

Wir spüren diese Leichtigkeit
und das Geschenk der Liebe,
wie wunderbar erscheint die Welt
fernab vom Stressgetriebe.

Auf einer Lichtung blüht das Glück,
wir träumen und genießen
die allerschönste Sommerzeit,
dort wo die Blumen sprießen.

Was wir uns wünschen

Was wir uns wünschen, ist nicht viel:
wir wünschen uns den wahren Frieden,
das Menschenglück ist unser Ziel,
wir sind dabei, es stets zu schmieden.

Wir gehen unsren eignen Weg,
scheint mancher Schritt uns auch vergebens,
Vertrauen ist ein Privileg,
zu lieben ist der Sinn des Lebens.

Ein jeder Tag ist wunderbar,
ein zauberhaftes Abenteuer,
und manchmal wird ein Märchen wahr,
entfacht in uns ein Freudenfeuer.

Du bist, wie ich, ein Einzelstück,
jedoch ein Teil vom großen Ganzen,
und keimt in dir das kleine Glück,
dann lass uns beide fröhlich tanzen.

Was wir uns wünschen, ist nicht viel,
komm, lass uns heut in Liebe hüllen,
das Liebesglück ist unser Ziel,
wir können uns den Wunsch erfüllen.

Waldbaden

Im Walde möcht ich baden,
im schönen Tannengrün,
die Seele aufzuladen,
dort, wo die Elfen blühn.

Wenn es beginnt zu tagen,
dann gehe ich hinaus,
dort wo die Finken schlagen,
bin ich so gern Zuhaus.

Ich lege mich ins Moose
und schau den Himmel an,
in einer Schläferpose
bin glücklich ich sodann.

Dann werde ich umschlingen
des Baumes alten Leib,
wir werden uns durchdringen
nur so zum Zeitvertreib.

Es atmen meine Lungen
den Sauerstoff tief ein,
der Tag scheint mir gelungen,
er könnt nicht schöner sein.

Und wenn ich ihn verlasse
dann sage ich good bye,
ein Wald ist große Klasse,
wo immer er auch sei.

Diamantenwelt

Die Welt ist voller Diamanten,
das sage ich nicht so zum Scherz,
sie funkeln hell wie nachts die Sterne
als Edelstein im Menschenherz.

Ein jeder Tag ist voll Juwelen,
am Himmel lacht der Sonnenschein,
ein kleiner Augenblick der Wunder
kann auch ein süßes Lächeln sein.

Es ist der reichste Mensch auf Erden,
wer achtsam durch das Leben geht,
wer Glück verschenkt wird selber glücklich,
und wer die wahre Liebe sät.

Das größte Glück

So leicht und zart und so lebendig
und wie ein Kolibri so wendig,
ganz bunt und wild und vogelfrei
so wie ein Frühlingstag im Mai.

So zärtlich wie ein Frühlingswehen
soll eure Liebe stets geschehen,
wie wunderbar erscheint die Welt,
weil wahre Liebe euch gefällt.

Das größte Glück erblüht im Herzen,
es leuchtet euch mit tausend Kerzen,
die Ehe weitet euch die Sicht
und schenkt das hellste Liebeslicht.

Spiegelglück

Ein wundervoller Sommersonntag
begrüßt uns heute ganz in Grau,
er lässt die Herzen höherschlagen
vom Dichter und von seiner Frau.

Was wird, was kann denn heut passieren,
das fragen sie am Morgen schon,
das Glück wird heute sich vergnügen,
es ist der heitren Laune Lohn.

Es werden viele Gäste kommen,
man isst und trinkt und lacht dabei,
die Liebe schwebt durch alle Räume,
lässt einen Freudenjauchzer frei.

Ein wundervoller Sommersonntag
beschenkt uns alle heut mit Glück,
und wenn wir es in uns verspüren,
dann spiegeln wir es auch zurück.

Dankbarkeit

Ich möchte für das Gestern danken
und denke gern daran zurück,
der Tag war voller Emotionen,
er schenkte dir und mir viel Glück.

Das Morgen wird ein Abenteuer,
es wird wie immer spannend sein,
denn loht im Herzen hell ein Feuer,
geh ich erneut ins Glück hinein.

Doch schlägt mein Herz im Hier und Heute,
ich lebe jeden Augenblick,
voll Achtsamkeit sind meine Sinne
und in mich fließt das tiefe Glück.

Ein göttlicher Moment

Ganz ruhig soll es um mich sein,
die Stille dehnt sich aus,
dann dringt sie tief in mich hinein
in meines Geistes Haus.

Nun nehme ich die Dinge wahr,
bin ganz im Jetzt und Hier,
und alles ist so wunderbar
im Ruheelixier.

Die Dinge tauchen in mich ein,
ob gut, neutral, ob schlecht,
ich werde stets gelassen sein,
denn alles ist mir recht.

Ich akzeptier den Augenblick
wie jeder ihn wohl kennt,
so keimt in mir das große Glück,
ein göttlicher Moment.

Auszeit

Wir tauchen in die Zeit hinein
und leben nur im Augenblick,
wir lassen uns auf alles ein,
verspüren unser tiefes Glück.

Wir lassen heut den Alltag los
und fahren einfach mal ans Meer,
Unendlichkeit, du bist so groß,
darin sind die Gedanken leer.

Die Leerheit ist, die uns erfüllt,
wir spüren nur das Jetzt und Hier
in unsrer eignen Lebenswelt
so ganz als Mensch gewordnes Tier.

Wir steigen aus der Zeit heraus
mit einem lauten Freudenschrei,
das Dasein spendet uns Applaus,
nun fühlen wir uns wahrhaft frei.

Mein Glück

Mein Glück bekomm ich nicht geschenkt,
mein Glück fällt nicht vom Himmel,
mein Glück erwächst aus Achtsamkeit,
ist Glöckchen mit Gebimmel.

Mein Glück erblüht im Rosenrot,
mein Glück glänzt in der Sonne,
mein Glück singt mir die Nachtigall,
mein Glück verschafft mir Wonne.

Mein Glück erstrahlt im Frühlingsgrün,
mein Glück sind Weizenfelder,
mein Glück vergoldet mir den Herbst,
mein Glück verschneite Wälder.

Mein Glück ist eine liebe Frau,
mein Glück sind frohe Kinder,
mein Glück ist, wenn ich lachen kann,
ich bin ein Glückserfinder.

Mein Glück hat Frieden nur im Sinn,
mein Glück ist Liebesfeuer,
mein Glück steckt viele Menschen an,
mein Glück ist gar nicht teuer.

Mein Glück kommt stetig jetzt und hier,
mein Glück wird kurz verweilen,
mein Glück macht Herz und Seele froh,
dann wird es von mir eilen.

Zeit ist Leben

Fang stets mit einem Lächeln an,
der Tag schenkt neues Leben,
erfreue dich am Sonnenschein,
am Glück, was dir gegeben.

Der Tag beginnt mit viel Magie,
wir atmen und wir gehen,
wir sind so voller Dankbarkeit,
die darf ein jeder sehen.

Wer achtsam seine Zähne putzt,
genießt schon Glücksminuten,
entspanne dich, mein lieber Freund,
viel Freude wird dich fluten.

Wir spüren jeden Augenblick,
im Herzen tiefen Frieden,
so können wir uns ganz allein
den eignen Glückstag schmieden.

Auf dem Weg

Auf dem Weg zum wahren Glück
möchte ich stets freundlich sein,
will ich geben euch zurück
von dem lichten Sonnenschein.

Denken, Reden und die Tat
knüpfe ich an Redlichkeit,
somit säe ich die Saat
für viel mehr Zufriedenheit.

Ich verzichte auf die Jagd
auf den Reichtum und die Macht,
wer beim Leben sich beklagt,
selten mal die Sonne lacht.

Und so teile ich mein Glück
mit den Menschen dieser Welt,
glücklich macht der Augenblick,
der uns allen gut gefällt.

Empathie und Mitgefühl
lindern nicht nur fremdes Leid,
ist die Liebe stets mein Ziel,
bin zum Frieden ich bereit.

Glück entsteht im eignen Geist,
du bist selbst des Glückes Schmied,
wenn du so durchs Leben reist,
klingt am Morgen dir ein Lied.

Große Feier

Das Leben ist wie eine Feier,
wenn mir der Augenblick erblüht,
es öffnen sich die Nebelschleier,
die Morgensonne festlich glüht.

Der Tag schenkt eine Überraschung,
die mich zutiefst erfreuen kann,
in mir wächst eine Feierstimmung,
als käme gleich der Weihnachtsmann.

Ich möchte mit dem Jubel spielen
und spüre in mir tiefes Glück,
ich könnte mich vor Wonne sielen
mit euch in diesem Augenblick.

Lasst uns nur tanzen, lasst uns singen,
dann schwingt die Seele sich empor,
lasst uns vor Glück zum Himmel springen,
ein solcher Tag kommt selten vor.

Das Glück erzeugt ein helles Rauschen,
das zieht in jede Zelle ein,
ich möcht mit keinem Menschen tauschen
und fühl mich selbst als Sonnenschein.

Das Leben ist wie eine Feier,
es leuchtet in mir als ein Licht,
auf einmal fühle ich mich freier,
weil aus mir selbst ein Wunder spricht.

Glücklichsein

Ich schließe meine Augen zu
und tauche in mich ein
bis tief hinab zum Herzensgrund,
dort will ich glücklich sein.

Ich lasse alte Leiden los
und übe das Verzeihn,
dann breitet sich der Frieden aus,
nun kann ich glücklich sein.

Ein Lächeln tritt in diese Welt
mit Buddha im Verein,
die Liebe füllt die Atemluft,
hier soll ich glücklich sein.

Die Menschen schenken sich ihr Herz,
sind alle Brüderlein,
denn tief, ganz tief im Herzensgrund
will jeder glücklich sein.

Freudentanz

Liebes, wunderschönes Leben,
so begrüße ich den Tag,
Freude wirst du mir heut geben,
weil ich dich, mein Leben mag.

Offen stehen alle Türen
und so gehe ich hinaus,
neues Glück will mich verführen,
diesem spende ich Applaus.

Heute soll die Sonne scheinen
mir direkt ins Herz hinein,
denn ich bin mit mir im Reinen,
niemals soll es anders sein.

Kommt, ich schenke euch mein Lachen
und begleite euch ein Stück,
will euch eine Freude machen,
teile gern mein großes Glück.

Schau in den Himmel

Schau in den Himmel, du liebendes Herz,
sieh in die glitzernde Ferne,
schau, wie der Mond lacht, begreife dein Glück,
ich hab dich wahrlich so gerne.

Schau in den Himmel, du Seele der Welt,
sieh in die kosmische Weite,
fühle die Wärme, begreife dein Licht,
ich steh dir gerne zur Seite.

Schau in den Himmel, du heiliger Geist,
sieh nur, die Welt steht dir offen,
liebe die Liebe, begreife dein Sein,
du bist selbst unübertroffen.

Glück und Pech

Der Gegensätze gibt es viele,
man nennt es schlecht, dann wieder gut,
da gibt Tage und auch Nächte,
mal Harmonie, mal wieder Wut.

Es gibt den Tod, es gibt das Leben,
und eine Henne legt ihr Ei,
der große Kreislauf hat kein Ende,
das Glück, das Pech sind stets dabei.

Doch wer bestimmt, was gut, was böse,
wer legt denn das Ereignis fest?
in Kürze kann sich alles ändern
für unsern ganzen Lebensrest.

Ich freue mich, wenn es heut regnet,
wenn Sonne scheint, freu ich mich auch,
ich trag das Glück in meinem Herzen
und das Gefühl in meinem Bauch.

Nichts Neues

Wer ohne Leiden leben will,
kennt nur den Augenblick,
das Glück ist nur im Jetzt und Hier,
es kehrt niemals zurück.

Die Sinne nehmen alles auf,
sie nähren das Gefühl,
wir klammern uns so gern daran,
denn das ist ihr Kalkül.

Die Zeit frisst die Gefühle auf,
geht vor und dann zurück,
so sucht der Mensch stets immer mehr
und stetig nach dem Glück.

Gefühle schaffen unser Leid,
drum übe den Verstand
und lebe stets in Achtsamkeit,
das ist dem Geist bekannt.

Das Glück sucht die Bescheidenheit

Das Glück sucht die Bescheidenheit,
es lebt im Guten jetzt und hier
ganz ohne allen Raum und Zeit,
vergessen ist die große Gier.

Das Glück erwächst aus eigner Tat,
ein jeder hat sein Potential,
drum folgen wir dem guten Rat,
Begehrlichkeiten folgt die Qual.

Konsum erschöpft sich stets im Wahn,
verursacht in sich großes Leid,
der Mensch wird so zum Untertan
durch größere Begehrlichkeit.

Das Glück liegt in Bescheidenheit,
wie wunderbar ist die Natur,
verbringen wir dort unsre Zeit,
verspüren wir das Leben pur.

Zeit vergeht

Weil die Zeit vergeht auf Erden
schlägt die Uhr im Takt,
dass wir alle älter werden
ist nun mal ein Fakt.

Früher gingen alle Uhren
langsamer denn jetzt,
doch je kahler die Frisuren,
wird vielmehr gehetzt.

Alles, was wir heute machen,
schenkt uns großes Glück,
weil wir auch darüber lachen,
blickt kein Mensch zurück.

Heute bist du froh und heiter
und zum Glück gesund,
und so geht das Leben weiter
immer wieder rund.

Diese Frau an deiner Seite
ist so wunderbar,
weil sie dich beizeiten freite,
ja, das ist doch klar.

Und so wollen wir verfügen:
du sollst fröhlich sein,
jeder Tag wird zum Vergnügen
mit 'nem Gläschen Wein.

Wenn der Augenblick erblüht

Wenn der Augenblick erblüht,
ist mein Dasein voller Freude,
parfümiert vom Lebensglück
tanze ich im süßen Taumel.

Hier und jetzt ist es so geil.
Freunde, wollt ihr mit mir lachen?
Lachen tut dem Herzen gut
und ist Balsam für die Seele.

Schau ich in die Gegenwart,
sehe ich gleich tausend Wunder,
jeder Tag ist ein Geschenk,
deshalb wollen wir ihn feiern.

Wenn der Augenblick erblüht,
fangen Herzen an zu leuchten,
einfach Hiersein ist so viel,
leben, lieben ohne Ende.

Dein Glück

Die Freude schenkt ein Lachen,
die Seele macht Musik,
das Leben bläst Trompete,
es macht den Tag publik.

Weil heute dein Geburtstag,
der Dichter zu dir spricht,
er schenkt dir ein paar Reime
in diesem Kurzgedicht.

Bleib immer froh und heiter
dein ganzes Leben lang,
dann wird dir, wenn es schwierig,
im Herzen niemals bang.

Dein Glück schenkt hier und heute
sich ganz von selber ein,
so wirst du auch in Zukunft
tagtäglich glücklich sein.

Das Glück im Fluss der Lebens

Sanft wiegt der Strom die Wellen
in seinem steten Lauf,
er liebt das muntre quellen,
doch fließt er nie flussauf.

Er möchte glücklich springen
von Stein zu Stein zu Stein,
der Welt ein Liedchen singen
im Glitzersonnenschein.

Er mag vergnügtes Fließen
durch eine grüne Au,
er möchte sich ergießen
und malt die Landschaft blau.

Das Glück im Fluss der Lebens
ist zeitgleich überall,
der Strom treibt nicht vergebens,
das ist ein klarer Fall.

Ein schöner Gedanke

Es ist ein schöner Einfall,
das wir so glücklich sind,
wir können ihn verspüren
so wie ein kleines Kind.

Er steht uns zu Verfügung
und schenkt uns Mitgefühl,
wir lachen voller Freude
das Leben ist ein Spiel.

Der Geist ist unser Bauherr,
das Glück der Architekt,
die Freude an den Dingen
wird täglich aufgedeckt.

Wie selig ist der Bruder,
der seinen Frieden lebt,
das Glück liegt in der Liebe,
wenn ihr sie weitergebt.

Verbundenheit

Ich trinke deinen heißen Atem
und spüre so dein tiefes Glück,
nun dringen in mich die Atome
von dir ganz einfach Stück für Stück.

Wir sind verbunden durch die Lüfte,
ob wir uns nahe oder fern,
denn diese kleinen Moleküle
durchdringen uns besonders gern.

Im Grunde sind wir längst verschmolzen,
auch wenn man daran gar nicht glaubt,
du kannst dich noch so separieren,
das Menschsein wird dir nicht geraubt.

Wer Glück teilt, wird das Glück erleben,
das Unglück schränkt die Freiheit ein,
wer selbstlos ist in den Gedanken,
der wird es auch in Taten sein.

Glück ist unser Spiel

Unstillbar ist deine Sehnsucht,
die in deinen Augen ruht,
unlöschbar ist dieser Funke
mit dem Glück in seiner Glut.

Durst nach Glück und nach der Freude
wohnt in uns, in jedermann,
dieser Durst, den alle spüren,
nur die Liebe löschen kann.

Nur die Liebe geht die Wege,
geht die Wege hin zum Glück,
hin zu einem tiefen Frieden
immer vorwärts nie zurück.

Gott ist Heimat aller Menschen,
er ist unser Sehnsuchtsziel,
Gott ist Liebe, wie wir wissen,
Glück ist einfach unser Spiel.

Dann bist du glücklich

Schon bald kommt deine Prüfung,
jetzt hilft nur Fleiß allein,
denn hast du sie bestanden,
dann wirst du glücklich sein.

Nach dieser ersten Prüfung
folgt bald das Abitur,
dir steht das Leben offen,
dann singt das Glück in Dur.

Dem Studium folgt Examen,
nun bist du endlich frei,
jetzt folgt das Geldverdienen,
dann ist das Glück dabei.

Die Liebe führt zur Hochzeit,
du fühlst dich wunderbar,
nun fehlen noch die Kinder,
das Glück folgt, ist ja klar.

Das Kind geht aus dem Hause,
der Hund stirbt leider weg,
die Hoffnung bleibt erhalten,
du suchst des Glückes Zweck.

Demnächst bekommst du Rente,
nichts könnte schöner sein,
das Glück dürfte erscheinen,
doch kommt ein Zipperlein.

Nur du allein

In dir erwachen die Gefühle,
mal Glück, mal Leid, wie kann das sein?
Gedanken lenken Emotionen,
das machst dein Kopf, dein Kopf allein.

Wenn du erleidest großen Kummer,
dann wächst der Kummer nur aus dir,
bist du so glücklich wie ein Buddha,
dann spürst du es im Jetzt und Hier.

Das Leben ist, wie wir es denken,
so traurig, heiter oder still,
willst jemand tief Frieden leben,
dann kann er es, weil er es will.

Du kannst Gefühle selber steuern,
bei Regen wirst du glücklich sein,
und wenn ein Wunder dir begegnet,
dann schaut die Seligkeit herein.

Das Glück ist wie ein Schmetterling

Das Glück ist wie ein Schmetterling,
es flattert hin und her,
und wenn es eine Blüte trifft,
dann freut es sich gar sehr.

Hab stets Geduld und gebe acht,
jag ihm nicht hinterher,
es kommt gewiss zu dir, mein Freund,
wenn die Gedanken leer.

Setz dich nur hin und sei ganz still
und warte eine Zeit,
das Glück ist wie ein Schmetterling,
bist du dafür bereit.

Im Glück

Es schlägt mein Herz vor Liebe leicht
wie Flügel eines Schmetterlings,
Gedanken steigen in die Luft,
sie schweben schwerelos ins Nichts.

Ich sehe dich und freue mich,
du schenkst mir einen schönen Tag,
dein Lächeln einer Blüte gleicht
in einem süßen Frühlingstraum.

Du Blütenfee, du Elfenkind,
du unglaubliche Märchenbraut,
dein Anblick geht mir durch und durch,
du bist mein Erdenparadies.

Und sprichst du seufzend Worte leis,
schaffst du mir eine Gänsehaut,
dann schlägt mein Herz vor Liebe leicht,
mein ganzen Dasein schwebt im Glück.

Kugelglück

Es war in alten Zeiten,
da war der Mensch noch rund,
er hatte zwei Gesichter,
vier Arme und vier Beine
und war vor Glück gesund.

Herr Zeus und seine Götter
erzürnten sich vor Neid;
der Mensch soll Götter loben,
doch nicht den Göttern gleichen,
so sprach die Obrigkeit.

So trat er vor die Menschen
mit Donner und mit Blitz,
zerschnitt den Mensch in Hälften,
damit er ihm gefügig
auf seinem Göttersitz.

So sucht seither der Halbe
nach seinem Gegenstück,
in Liebe sich zu einen,
die Herzen zu verbinden
bis hin zum Kugelglück.

Öffne dein Herz

Öffne dein Herz für den Frieden,
lass keinen Streit mehr herein,
lebe dein Leben in Liebe,
dann wirst in Freiheit du sein.

Öffne dein Herz im Vertrauen,
du hast ein Herz ganz aus Gold
und bist dir selber ein König,
das ist so göttlich gewollt.

Öffne dein Herz für die Liebe,
geh auf die Reise zum Glück,
kannst du mit Sanftmut vergeben,
kommt auch die Eintracht zurück.

Öffne dein Herz für das Leben,
finden in dir dein Zuhaus,
schenke dir selbst deine Treue,
dann geht das Licht niemals aus.

Das Leben in Freude

Ein Leben in Freude
entscheiden wir selbst
in unseren Herzen,
in unserer Welt.

Was andere sagen,
dass sei uns egal,
empfinden wir Freude,
dann haben wir recht.

Die Liebe ist Leben,
die Liebe ist gut,
die Liebe ist Freude
im Hier und im Jetzt.

An Tagen und Nächten
mit Sonne und Mond
und Sternen und Regen
erwählt uns das Glück.

Verschenken wir Freude,
ein Lächeln dazu,
dann lachen die Herzen
und Tränen verglühn.

Es lebe die Liebe,
es lebe das Glück,
es lebe die Freude
im Herzen ein Stück.

Das Streben nach Glück

Je höher, schneller, weiter -
so redet man uns ein,
wir kaufen, kaufen, kaufen
und werden glücklich sein.

Sie produzieren Wünsche,
wir haben nicht genug,
Besitztum macht uns reicher,
wer reich ist, der ist klug.

Sie generieren Sehnsucht
nach einem großen Spaß,
das Glück sollen wir kaufen
in einem Übermaß.

Sie wecken unsre Träume
und reden uns gern ein,
wenn sie sie nicht erfüllen,
dann wird uns elend sein.

Sie brauchen Käufersklaven,
sonst kommen sie in Not,
denn ohne Konsumenten
sind sie beizeiten tot.

Das Glück erwächst im Herzen,
und meistens ist es klein,
doch wenn wir dankbar leben,
wird es bald größer sein.

Glückliche Schwingungen

Glücklichsein ist eine Schwingung,
die fängt in den Zellen an,
wahres Glück kommt stets von Innen,
was man auch beweisen kann.

Lerne deine Kraft zu spüren,
hab Vertrauen zum Instinkt,
bis das Schwingen deiner Zellen
wie ein schöner Vogel singt.

Fange an, ganz neu zu denken,
nutze deine Fantasie,
lass dich niemals sabotieren,
in dir steckt viel Energie.

Glücklich sind gesunde Zellen,
glücklich ist dein ganzes Ich,
denn harmonisch schwingen Wellen,
das ist außerordentlich.

Harmonie der Herzen

Höre auf des Herzens Stimme,
lausch der Sprache allen Lichts,
richte deinen Blick nach außen,
spür die Botschaft der Natur

Bring dir selbst Respekt entgegen,
in dir wohnt ein großer Gott,
gib von dem, was dir gegeben,
sein ein Mensch, der Größe hat.

Hilf, sei gütig, sei ein Segen,
Wonne strömt aus dir heraus,
folg dem Golde deines Herzens,
tue das, was richtig ist.

Geist und Körper sollst du heilen,
spüre selbst wie gut du bist,
in der Harmonie der Herzen
ruht der Frieden dieser Welt.

Aus dir strahlt das Licht der Seele,
du bist selbst ein Unikat,
einzigartig sind die Wunder,
neue Zeit bringt neues Glück.

Leb die Liebe, lieb das Leben!
Fülle ist genügend da,
Frieden ist das El Dorado,
aus dir funkelt helles Licht.

Paare des Glücks

Glückliche Paare üben das Küssen
und sie umarmen sich mehrfach am Tag,
gehn sie spazieren, fingern die Hände,
denn wer ist glücklich, Berührungen mag.

Glückliche Paare sprechen von Liebe,
sagen: Ich liebe dich! einige Mal,
morgens zum Frühstück und vor dem Schlafen,
Liebe zu geben ist fundamental.

Glückliche Paare lachen gemeinsam,
stehen zusammen in Freund und in Leid,
suchen die Nähe und spenden Wärme,
kuscheln und lieben sich in Ewigkeit.

Wir sind reich

Diese Welt ist voll Begehren,
voll Verlangen, voller Lust,
und man denkt: Das will ich haben,
häufig sogar unbewusst.

Man ist frei und wohl gebildet,
bis ein andrer Wünsche weckt,
neues Handy, neues Auto,
und schon ist man aufgeschreckt.

Angst verursacht auch Verlangen
nach Gesundheit, Jugend, Glück,
doch die vielen bunten Pillen
geben all das nicht zurück.

Täglich weitet sich das Sehnen,
wächst in uns die große Gier,
immer höher, schneller, weiter,
Kaufrausch heißt das Elixier,

das sie uns geheim verpassen,
doch die Welt ist nicht real,
was wir brauchen, ist die Liebe
und ein Frieden ohne Qual.

Jedermann ist reich auf Erden,
sage ich euch ganz verschmitzt,
ach, begreift doch, liebe Leute,
Glück ist das, was ihr besitzt.

Zen

Im Augenblick zu leben,
in Achtsamkeit zu sein,
ganz ohne Urteil atmen,
zum Himmel geht der Blick.

Den Geist zur Ruhe bringen,
in Stille tauch hinein,
den Atem kontrollieren
und ganz im Frieden sein.

Im liebevollen Handeln
beginnt das tiefe Glück,
die Blume blüht am Wege,
erfreue dich daran.

Wir haben keine Eile
und leben im Moment,
im Kopf beginnt die Ruhe,
das Glück kehrt bei dir ein.

Der Weg

Das Universum hat Gesetze,
wer danach lebt, erlebt das Glück
von Harmonie und tiefer Liebe,
das ist des Lebens Meisterstück.

Das Unfassbare braucht den Glauben,
das scheint uns oft geheimnisvoll,
beenden wir das eigne Leiden,
wird unser Leben einfach toll.

Das höchste Glück ist stets willkommen,
doch ist der Weg dahin real?
Das Wunder in uns selbst zu kennen,
ist wie ein heller Sonnenstrahl.

Lasst denken uns mit unsren Herzen,
die Liebe spielt auf dem Fagott,
das Universum hat Gesetze,
in unsren Seelen steckt ein Gott.

Ich bin so glücklich

Ich bin so glücklich nun im Frühling
und tanze als ein Schmetterling
mit meinen zauberhaften Flügeln
auf Blumenwiesen gerne Swing.

Wie schön ist doch das Frühlingsleben,
wenn Herz und Seele sind so frei,
der liebe Gott verschenkt die Speisen
und macht dabei nicht viel Geschrei.

Ich nasche gerne Blütenhonig
und torkle so von Duft zu Duft,
vielleicht treff ich ja eine Dame,
die küsse ich dann in der Luft.

Wir beide taumeln durch die Stunden,
das süße Leben bringt uns Glück,
wir sind so glücklich nun im Frühling,
wie gut schmeckst du, mein Zuckerstück.

Über das Glück zu schreiben

Dereinst gab es so miese Tage,
da schien das Glück nicht existent,
doch erst nach näherer Betrachtung,
erkannte ich ein Glücksmoment.

Alsbald begann ich aufzuschreiben,
was mich an diesem Tag entzückt,
der Fokus auf das Positive
hat mich so nach und nach beglückt.

Nun schritt ich achtsamer durchs Leben,
entdeckte auch die Dankbarkeit,
so mehrten sich die Glücksmomente
und reduzierten Ängstlichkeit.

Das Leben wurde immer schöner,
ich war viel öfter einfach froh,
so schrieb ich über viele Dinge
vom Aal bis hin zum Wasserklo.

Das Glück begann aus mir zu strahlen,
so zog ich nette Leute an,
gemeinsam konnten wir nun lachen,
darüber schrieb ich später dann.

Es mehrten sich die Glücksmomente,
in mich zog tiefer Frieden ein,
das Schönste ist, mein Glück zu spenden,
geteilt kann es so doppelt sein.

Ende

Das lange Warten hat ein Ende,
Godot ist gar nicht existent,
denn Gott hat es niemals gegeben,
ich sage euch, ich bin präsent.

Ich habe keine Gottesmeinung,
doch hab ich einen andren Grund,
man kann den Toten nicht vertrauen,
das wäre wirklich nicht gesund.

Wer nie gelebt hat, kann nicht sterben,
gestalten wir das eigne Leid,
so können wir auch Glück erschaffen,
dafür ist jetzt die rechte Zeit.

In Träumen wird das Glück geboren,
dort zeugt es neue Energie,
die Wissenschaft hat keine Ahnung,
doch folgt dem Traum die Harmonie.

Entwerfen wir die Paradiese,
beenden wir den Gottesplan,
wir wollen uns nicht selbst vernichten,
der Mensch ist doch kein Untertan.

Lasst uns gemeinsam meditieren,
wir tauchen ins Bewusstsein ein,
verlieren alle unsre Ängste
und werden frei und glücklich sein.

Glücklichsein

Fingerhüte, gelbe Lilien
wollen heute magisch sein,
und die roten Tänzerinnen
reihen sich so mystisch ein.

Hörst du, wie der Wildbach plaudert
von der Reise durch die Zeit?
Wunderbar sind die Geschichten,
die stets voller Dankbarkeit.

Über mir die Blätter rauschen,
leises Flüstern sich erbarmt,
wieder wartet eine Buche,
die der Dichter still umarmt.

Augen schließen, meditieren,
Energie fließt in mich ein,
dazu wunderbare Klänge
an dem Ort zum Glücklichsein.

Was macht mich heute glücklich?

Was macht mich heute glücklich?
Dein Lächeln im Gesicht,
der Kräutertee am Morgen,
ein Happy-Day-Gedicht.

Das Glück kommt angeflogen,
vom Himmel kommt es her,
es schenkt uns Glücksgefühle,
die liebe ich so sehr.

Ich meide Müllgedanken,
lass gute nur herein,
und treffe nette Leute,
wir wollen glücklich sein.

Ich kann mich selber leiden,
bin ein Naturtalent
Gedichte machen glücklich,
das weiß, wer mich auch kennt.

Mein Glück entsteht im Kopfe
tagtäglich intensiv,
das kann ich programmieren
so ich bin positiv.

Ich freu mich, wenn es regnet,
auch wenn es draußen schneit,
das Wetter macht mich glücklich,
bist du denn auch soweit?

Glücksmomente

Ein blaues Schimmern in der Sonne
erblüht aus einem Zaubersee,
umrahmt von schneebedeckten Bergen,
als Perle voller Diamant.

Ein Staunen reift in meiner Seele,
ein ungeheures Glücksgefühl,
die Stille in der großen Freiheit,
auf meinem Gipfel leuchtet Glück.

Ich lauf, von Geisterhand gesteuert,
und stürme vorwärts hin zu ihr,
wenn Liebessterne fusionieren,
dann explodiert die Seligkeit.

Die große Herde Elefanten
stürzt sich erfreut zum Wasser hin,
genießen so ein Bad im Flusse,
ein Bild, das im Gedächtnis bleibt.

Der großer Buddha in der Halle,
die Mystik und der Räucherduft,
und ich verliere mich in Demut,
so kommen ich den Göttern nah.

Es gibt ihn nicht

Es gibt nicht diesen einen Weg,
der alle führt ins Glück!
Wie findet jeder seinen Weg?
Wer baut sein Meisterstück?

Als erstes ist der Weg das Ziel,
wer geht, kommt auch voran,
das kleine Glück am Wegesrand,
man leicht erkennen kann.

Trainiere deine Achtsamkeit
und schau genauer hin,
ein Blümchen, das dir Freude bringt,
hat einen tiefen Sinn.

Erkenne, was bedeutsam ist
und was dir gut gefällt,
was dich im Leben glücklich macht,
das kostet dir kein Geld.

Lass los, was du nicht brauchen kannst,
verschenke deine Zeit
an Menschen, die dir wichtig sind,
und übe Dankbarkeit.

Nicht immer geht es lustig zu
in deinem Lebensspiel,
nach Trauer folgt ein Hochgefühl,
dann lachst du wieder viel.

Das Wunder des Daseins

Du bist entstanden durch die Liebe,
dein Körper ist ein Wunderwerk,
du bist beschenkt mit vielen Sinnen,
verwende stets dein Augenmerk.

Wie magisch ist ein jeder Morgen,
die Sonne leiht dir ihre Kraft,
ein jeder Tag birgt ein Geheimnis
und ist er auch mal launenhaft.

Begegne dir mit einem Lächeln,
beglücke damit auch die Welt,
ein Augenblick der großen Freude
ist magisch, weil er Glück enthält.

Ein Regentropfen in der Sonne,
die Mönchsgrasmücke singt ein Lied,
ein Grashalm tanzt mit einer Hälmin,
ein kleines Wunder stets geschieht.

Die Wolkenschafe ziehn am Himmel,
die Mondfrau dir ins Fenster lacht,
der Wind spielt wieder mal die Harfe
und Sterne zeigen ihre Pracht.

Du küsst die Liebste auf die Lippen
und atmest ihren süße Duft,
das Wunder einer großen Liebe
liegt wieder einmal in der Luft.

Septembertag

Um mich herum die hohen Eichen,
ein Buddha ruht im Sonnenschein,
ich kann die Stille förmlich spüren,
das große Glück fällt in mich ein.

Die Zeit schenkt sich mir zum Genießen,
bevor der Herbstwind lauthals grollt,
ein Rotkehlchen kommt mich besuchen,
als wär's ein Mädchen, das mir hold.

Die letzten Rosen nun verblühen,
die Spinne häkelt fein ihr Netz,
der Sommer sagt auf Wiedersehen,
das Glück währt stets im Hier und Jetzt.

Es ist die Zeit, dich loszulassen,
du wundersames Haberloh,
ich freue mich auf neue Zauber,
da ist mein Herze einfach froh.

Wege ins Glück

Eine jeder Mensch sucht seinen Weg,
den Weg ins wahre Glück,
so geht er staunend Schritt für Schritt
und schaut nicht mehr zurück.

Und überall am Wegesrand
steht einer, der schreit: Hier!
Doch folgt man ihm, dann gibt er dir
fünf Schnaps und sieben Bier.

Ein andrer lädt dich gerne ein
zu einem frohen Spiel,
du schaust den Millionären zu,
ihr Glück ist nun dein Ziel.

Ein dritter lockt dich in sein Haus,
das ist so wundervoll,
und wie im Rausch kaufst du dort ein,
du fühlst dich einfach toll.

Da sagt dir einer: du bist krank,
ich mache dich gesund,
und wenn du erst deine Freiheit hast,
dann geht das Leben rund.

Nur du allein bestimmst dein Glück,
den Weg selbst frei zu sein,
die Liebe führt zur Seligkeit,
das merkst du von allein.

Glücksmomente

Im Birnbaum hing der kleine Junge,
er sang das lebensfrohe Lied:
my darling Clemtine, my darling,
er war des Glückes Favorit.

Es tanzten bunte Schmetterlinge
im Bauch, dann kam der erste Kuss,
es war, als blitzten tausend Blitze
ins Herz des Glückes Überfluss.

Noch war er selbst ein junger Falter
und atmete den Blütenduft,
ein neues Leben zu kreieren,
nahm ihm vor Glück die Atemluft.

Die weißen Berge zu besehen,
dem Himmel nah zu sein ein Stück,
die große Demut zu verspüren,
verschaffte ihm ein tiefes Glück.

Die Poesie fließt aus dem Herzen,
die Freude lebt im Jetzt und Hier,
das Wasser schenkte ihm die Weisheit,
die Berge wurden sein Pläsier.

Die Liebe öffnete den Himmel,
ein Engel reichte ihm die Hand,
mit wunderbaren Leichtigkeiten
kam nun das Glück zu ihm gerannt.

Göttlich sei der Augenblick

Göttlich sei der Augenblick,
sei das Licht der Offenbarung,
sei der Weg ins große Glück,
denn so lautet die Erfahrung.

Göttlich sei der Augenblick,
lass die Liebe aus dem Herzen,
hab den Frieden stets im Blick,
zünde an die Dankeskerzen.

Göttlich sei der Augenblick,
deine Heimat lebt im Innen,
Gott bist du, du schenkst dir Glück,
du wirst Heiligkeit gewinnen.

Pures Glück

Dereinst in meinen Kindertagen
war täglich ich in der Natur,
im Wald, an Flüssen oder Seen
genoss ich Mutter Erde pur.

Bei meiner Oma auf dem Dorfe
erwartete mich vor dem Haus
die Weite einer großen Weide,
ein immergrüner Augenschmaus.

Ich kletterte so gern auf Bäume,
ganz oben war ich einfach frei,
ich war so glücklich wie ein Vogel
und sang ein Liedchen gern dabei.

Ich hatte keine Angst beim Steigen,
selbst Pappeln hab ich gern gemocht,
ganz oben in der hohe Krone
da hat mein Herz wie wild gepocht.

Ich wurde so zum Teil des Baumes,
ein Freund, der zärtlich zu ihm war,
und alles, was ich hier erlebte,
das war ganz einfach wunderbar.

Denk ich zurück, fühl ich den Segen,
den ich durch diese Zeit erfuhr,
mein Glück nahm damals seinen Anfang,
und heute weiß ich, es war pur.

Bereit

Bist du bereit, das Glück zu leben,
die Liebe der Unendlichkeit,
die ohne Anfang, ohne Ende
durchzieht die Welt der Herzenszeit?

Bist du bereit, die Zeit zu leben,
die Heilung fordert Kraft und Mut,
sich zu entwickeln in Gefühlen,
bis deine Seele fühlt sich gut?

Bist du bereit, in dich zu dringen,
zu spüren tief dein eignes Ich,
und deinen Schatten zu begegnen,
befreit von dem was lächerlich.

Bist du bereit, dich hinzugeben
mit allem, was du bist im Sein,
und jede Emotion zu leben,
dann kommt das Glück von ganz allein.

Kosmische Fröhlichkeit

Von Fröhlichkeit bin ich ergriffen,
die unermesslich kosmisch ist,
ich seh Millionen Sterne lächeln,
ein jeder ist ein Humorist.

Es ist, als ob mein Herze leuchtet,
als wär ich dauerhaft verliebt
im bunten Paradies auf Erden,
das es für mich und andre gibt.

Und jede Zelle ist geflutet
vom Feuer der Glückseligkeit,
die Euphorie fließt durch die Adern,
die Liebe blüht für alle Zeit.

Ich sehe meinen Glücksstern strahlen,
der Kosmos zieht ins Herz mir ein,
die Fröhlichkeit ist unermesslich,
drum werd ich nie mehr traurig sein.

Im glücklichen Leben

Im Land der weißen Berge,
am schönen, blauen Meer
erscheint das Leben heiter
und niemals sorgenschwer.

Ein jeder lächelt freundlich,
und strahlt zum Himmelblau,
die Liebe loht im Herzen
von Kind und Mann und Frau.

Die Vögel jubilieren,
die Menschen stimmen ein,
so friedlich ist das Leben,
der Mensch kann Mensch hier sein.

In diesem Paradiese
lebt jedermann sein Glück,
und geht er mal auf Reisen,
kommt er dorthin zurück.

Bin ich normal oder glücklich?

Mein Kleiderstil ist gelb und rot,
das Haar nun grau, verwirrt,
mein Denken eher sonderbar,
normal hat sich verirrt.

Ich kaufe nicht sehr gerne ein
und geh nicht zum Frisör,
ich liebe meinen Zauberwald,
der schenkt mir stets Gehör.

Mir liegt nichts an dem Städtelärm,
ich lieb es eher still,
doch lache ich besonders gern
bei Schneesturm im April.

Das Leben ist wie Poesie,
ein Wunder Stück für Stück,
ich möchte kein Normalo sein,
ich liebe doch mein Glück.

Großes Glück

Erst gestern warst du klein und winzig,
auf einmal bist du ziemlich groß,
du bist auf Erden einzigartig,
wir alle finden dich famos!

Wir hatten viele Abenteuer
und waren oft im Zauberwald,
nun folgen märchenhafte Wunder,
die wir erfahren ziemlich bald.

Hör nicht auf die, die Dummes reden,
ich weiß, du bist im Herzen reich,
du kannst viel mehr als andre fühlen,
so bist du einem König gleich.

Wir beide sind wie Fotografen,
vor uns taucht stets ein Wunder auf,
wenn achtsam wir die Welt besehen,
dann spüren wir den Glücksverlauf.

Nun folgen viele tolle Jahre,
schau stets in Dankbarkeit zurück,
wir werden alle für dich da sein,
die Liebe bringt dir großes Glück.

Doch heute wollen wir groß feiern
und laden uns zu Torte ein,
darauf erstrahlen die zehn Kerzen,
ein Hoch auf dich, so soll es sein!

Lebensfeier

Feiern wir, was vorgegeben,
feiern wir nicht unser Glück,
feiern wir den Osterhasen,
feiern ein Theaterstück,

feiern wir das wahre Leben,
unsre Freude, unser Glück,
feiern wir die Lebensblume,
feiern wir ein Meisterstück,

feiern ohne konsumieren,
singen, tanzen voller Freud,
feiern wir die helle Sonne,
feiern alle hocherfreut,

feiern wir das Vogelzwitschern,
feiern wir den Sonnenschein,
feiern wir das ganze Leben,
feiern wir das Glücklichsein.

Familienglück

Wir danken für die gute Reise,
wir danken für die freie Fahrt,
wir danken für das schöne Wetter,
wo Licht und Sonne sich gepaart.

Wir sind zuhause angekommen,
wir danken für das Reiseziel,
wir alle sind gesund und glücklich
nach unserm Abenteuerspiel.

Wir danken für die eignen Betten,
wir danken Gott für Speis und Trank,
wir danken unserer Familie
für Zeiten ohne Zoff und Zank.

Wir werden nun die Zeit genießen
und denken dankbar auch zurück,
es war ein wunderbares Treffen,
so nennt man wohl Familienglück.

Jeder Moment

Erwachen in ein neues Leben,
die frühe Morgensonnenglut,
ein Lächeln aus dem Kaffeebecher
tut einer Seele richtig gut.

Die Sonne kitzelt sanft die Nase,
die Amsel singt ein Liebeslied,
das Glück will einen Baum umarmen
in einem stillen Waldgebiet.

Die Lunge möchte Leben atmen,
in einer Welt voll Leichtigkeit,
wo kleine Mücken fröhlich tanzen,
sind sie zu Küssen auch bereit.

Das Glück liegt stets in den Momenten,
die Fülle nährt allein den Tag,
wenn Wunder aus den Wolken tropfen,
ertönt ein heller Glockenschlag.

Was du suchst

Fühlst du dich angenehm im Innen?
Bist du auch körperlich gesund?
Spürst du in dir den tiefen Frieden?
Brauchst du zum Lächeln keinen Grund?

Spürst du in dir die wahre Liebe?
Hast du genügend Energie?
Begegnest du den tausend Wundern?
Kommt zu dir zarte Poesie?

Was du suchst ist das Angenehme,
das tiefe, unbegrenzte Glück,
die Seligkeit der guten Zeiten,
das wesentliche Lebensstück.

Du willst den Himmel hier auf Erden,
den Frieden auf der ganzen Welt,
Glückseligkeit auf Wolke sieben,
ein Leben, dass dir gut gefällt.

Beginne damit schon am Morgen,
begrüße dich und deinen Tag,
wie wunderbar erscheint ein Lächeln,
wenn man sich sagt, dass man sich mag.

Du bist der schönste Mensch auf Erden,
du hast den Zauber stets im Blick,
mach es dir angenehm wie möglich,
von innen her erscheint dein Glück.

Glücksverlauf

Mein Wunsch ist es, euch Dank zu sagen
für diesen wunderschönen Tag,
ich durfte Zeit mit euch verbringen
mit Menschen, die ich gerne mag.

Die Sonne schien, die Wattewolken
bemalten weiß das Himmelblau,
ein Lachen wehte über Wiesen,
ich danke euch für diese Schau.

Im Zauberwalde schwiegen Bäume,
sie lächelten mir weise zu,
der kleine Bach floss leise murmelnd,
mein Herz genoss die sanfte Ruh.

Ich spürte nur das Angenehme
und nahm es mit dem Atem auf,
ich danke allen meinen Gönnern
für diesen holden Glücksverlauf.

Seelenfrieden

Fühlst du auch das Gold der Seele,
lass dich auf die Leuchtkraft ein,
Weisheit wächst ihr aus Erfahrung,
Lebenslust aus ihrem Sein.

Deine Seele liebt zu fühlen,
alles, was ein Sinn verspürt,
tanzen, lieben, musizieren,
Sinnlichkeit sie stets verführt.

Seelen sind so ohne Grenzen,
wissen nichts von Raum und Zeit,
ein Seele wird nicht älter,
sie ist Teil der Ewigkeit.

Für die Seele ist dein Leben
so wie ein Theaterstück,
schenkst du deiner Seele Frieden,
dann erlebst du großes Glück.

.

Mehr Meer

Warum macht das Meer so glücklich?
Schon der Ausblick ist ein Traum,
seine unendliche Weite
bis zum Horizontensaum.

Wellen plätschern an das Ufer
mit der Leichtigkeit des Seins,
Salz durchwebt die Brandungslüfte
sind mit Meer und dir nun eins.

Tief entspannend wirken Farben,
Palmgrün, Strandgold, Meeresblau,
auch das permanente Rauschen
ist für alle eine Schau.

Jedes Meer erweckt die Sehnsucht
nach der wahren Lebenslust,
hier erwachen Sinnlichkeiten,
hast du das denn auch gewusst?

Warum macht das Meer so glücklich?
Geh, und tauche dort hinein,
lass dich auf den Wellen schaukeln,
du wirst wie ich glücklich sein!

Ab morgen glücklich

Ich gehe noch zu Schule
und mag das Fußballspiel,
komm, lieber Sohn und lerne,
das Glück ist doch dein Ziel.

Nur ein paar Jahre später,
mag ich die Mädchen sehr,
komm, lieber Sohn und lerne,
das Glück ist dein Begehr.

Der eine mag studieren,
ich selber war Student,
bei einer Abschlussprüfung
hat man das Glück verpennt.

Dann heißt es, täglich schuften,
ein Kind, ein Haus, ein Pferd
mit einer großen Liebe
sei doch des Glückes wert.

So wird man immer älter
und plagt sich Stück für Stück,
da glaubt man, es wird besser,
es käme nun das Glück.

Weil man durchs Leben hastet,
beginnt der Ruhestand,
was will man noch erreichen,
das Glück im Todesland.

Glückseligkeit

Beginne still, Magie zu sein,
zieh dich in ihr zurück,
dann öffnet sich der große Geist,
und es erblüht dein Glück.

Das Unbekannte tut sich auf,
das Göttliche strömt ein,
es füllt dich nun mit Liebe auf,
verspür dein neues Sein.

Erkenne deine Göttlichkeit,
dein Herzfeld dehnt sich aus,
du geht den Weg der Leichtigkeit
bis hin zu deinem Haus.

Du spürst die eigene Magie
in aller Herrlichkeit,
der Frieden gibt dem Augenblick
und dir Glückseligkeit.

Unendliches Glück

Mit dir diesen Tag genießen,
zwei in einer Seele sein,
letzte Sonnenstrahlen fließen
tief in unsre Herzen ein.

Freude wie die Götterfunken
sprühen Dankbarkeit herbei,
fühlen wir uns wie betrunken
und von Herzen wahrlich frei.

Friedlich ist das Sommerende,
diese Zeit kommt nie zurück,
hier und jetzt fühl ich behände
dieses unendliche Glück.

Mein reiches Leben

Es braucht viel Mut, um loszulassen,
bedenken wir den wahren Wert,
den uns ein reiches Leben liefert,
wo uns das Haben gar nicht schert.

Das Glück beginnt mit tiefer Liebe,
Vertrauen schenkt uns großen Mut,
die Freiheit, selber zu entscheiden,
das Licht ist für uns alle gut.

Ich will dem Brauchen Servus sagen,
dafür begrüße ich das Sein,
mein Glück ist stets mein Seelenfrieden,
inmitten der Natur zu sein.

Es ist der Reichtum meiner Seele,
das große Glück im Jetzt und Hier,
das Loslassen des Habenwollens,
dem ich von Herzen applaudier.

Was passiert im Glück?

Dein Glück spürst du im Augenblick
der größten Seelenfreude,
dann bist du selbst ganz nah bei dir
in deinem Lustgebäude.

Du bist von allen Dingen frei,
vom Zweifeln und vom Leiden,
du denkst nicht vorwärts noch zurück
und kannst in Fülle weiden.

Auf einmal bist du wieder Kind,
du spürst die Emotionen,
ein Schmetterling im Sonnenlicht
eröffnet dir Äonen.

Im Nu durchströmt dich Dankbarkeit,
das Glück ist da zum Greifen,
mach dir nur selber stets bewusst,
das Glück will in dir reifen.

Das Geheimnis des Weisen

In einem Kloster lebte einst
ein weiser Mönch im Frieden,
ein trug ein Lächeln im Gesicht,
das Glück war ihm beschieden.

Ein Suchender sah ihn im Glück,
und wollte von ihm wissen:
Woher kommt die Zufriedenheit?
Ich tu sie so vermissen!

Ich liege, wenn ich liegen will,
ich gehe, wenn ich gehe,
ich esse, wenn ich essen mag,
mit Glück stets in der Nähe.

Da schaut der Fragende ihn an
und sagt: Du willst mich necken!
Ich schlafe, esse, gehe auch,
der Segen spielt verstecken.

So ist es nicht, mein lieber Freund:
Du liegst und denkst ans Gehen,
und gehst du noch, da isst du schon,
kannst du das denn verstehen?

Wir leben doch im Augenblick,
nur hier und jetzt und heute,
das Glück triffst du nur im Moment,
so sprechen weise Leute.

Der glückliche Weise

Der weise Mann geht in den Garten,
er hört beschwingt den Vögeln zu
und kann auf Seelenfrieden warten,
hier schenkt der Tag ihm seine Ruh.

Er setzt sich nahe an das Feuer,
das knistert leise himmelwärts
von einem großen Abenteuer,
schon geht der letzte Seelenschmerz.

Der weise Mann genießt die Stille,
er geht in sich und spürt das Glück
im Jetzt und Hier, das ist sein Wille,
er schaut nicht vorwärts noch zurück.

Nur sitzen, ohne was zu denken,
das Hirn lässt all sein Reden sein,
so kann man selber sich beschenken
und ist mit seinem Glück allein.

Heute bin ich glücklich

Es freuen mich so viele Dinge,
die schönen jeden Augenblick,
sie schenken mir den Seelenfrieden
und immer wieder großes Glück.

Im Walde kann ich Stille finden,
die dringt wie Gottes Segen ein,
ich atme Düfte großer Liebe,
das Leben kann kaum schöner sein.

Wer Gutes tut, der macht sich glücklich,
drum geb ich meine Verse her,
ich lebe in der Liebesfülle,
da ist das Geben nicht so schwer.

Ich pflege positives Denken,
das schenkt dem Leben neue Kraft,
am Morgen schau ich in den Spiegel
und lächele mit Leidenschaft.

Ich meide Energievampire
und alles, was mir Angst einjagt,
ich lache lieber mit den Kindern,
gewonnen hat, wer Frisches wagt.

Ich liebe wunderbare Menschen,
viel Freude schenkt viel Energie,
da muss ich an den Buddha denken,
schon bin selbst in Harmonie.

Zeitlos glücklich

Euch möchte ich verraten,
ich trage keine Uhr,
so spüre ich das Leben,
den Rhythmus der Natur.

Wenn morgens ich erwache,
dann steht die Sonne auf,
dann freue ich mich tierisch
auf meinen Tageslauf.

Das Glück braucht keine Uhren,
man trägt sie nicht im Wald,
ich spüre viel Vergnügen
am Erdenaufenthalt.

Ich lass mir nichts diktieren
von einem Zeigerlein,
ich esse, wenn ich hungrig,
bin glücklich stets im Sein.

An einem Strom zu sitzen,
benötigt keine Zeit,
beruhigt das Gewissen
und führt zur Achtsamkeit.

So wie die Vagabunden
fühl ich mich frank und frei,
mein Leben ohne Uhren
ist irgendwann vorbei.

Freude in allem

Ich liebe diesen Augenblick
am Abend in der blauen Stille,
ich halte kurz den Atem an,
erahne einen Hauch Vanille.

Die Sonne flammt ihr Abendlicht
am Horizont als Freudenfeuer,
mein Auge lacht, es glüht mein Herz
im Segen auf ein Abenteuer.

So lehre ich mir selber Glück,
die Liebe gibt dem Leben Fülle,
ich spüre eine Leichtigkeit,
es fällt von mir die Leidenshülle.

So löst der alte Geist sich auf:
sein Wehtun, Ärgern, Jammern, Beißen.
Der Frieden fängt im Innen an,
von dort wird er nach außen gleißen.

Mein Seinsprojekt

Das Glück soll aus mir leuchten,
mein Leben ist ein Licht,
bereits wenn ich erwache,
die Sonne aus mir spricht.

Drum will ich Wärme spenden,
all meine Energie,
lasst uns in Frieden leben,
in großer Harmonie.

Die Liebe will ich leben,
erstrahlen stets im Glück,
im Herzen will leuchten
den Weg euch Stück für Stück.

Ich mag nicht übel reden,
doch bin ich nicht perfekt,
ich werde weiter üben,
das ist mein Seinsprojekt.

Frei und glücklich

Tust du, was du wirklich magst,
bist du wahrlich frei,
du kreierst dir deine Welt
und bist selbst dabei.

Magst du, was du täglich tust,
bist du auch im Glück,
du erschaffst die schöne Welt
dir nun Stück für Stück.

Frei und glücklich willst du sein,
hör in dich hinein,
niemand außer du weißt es:
Glück kommt von allein.

Macht die Kinder glücklich!

Kinder möchten glücklich sein,
Kinder wollen Liebe spüren,
sind die Kinder noch sehr klein,
kann der Spaß sie leicht verführen.

Spielen wir mit unsrem Kind,
kann man laut beim Spielen lachen,
wer verliert, der auch gewinnt,
spiele wollen Freude machen.

Singen wir mit unserm Kind,
singen hebt die gute Laune,
hier sind alle gleichgesinnt,
Heiterkeit bläst die Posaune.

Basteln wir mit unserm Kind,
basteln fördert Fähigkeiten,
die für alle wichtig sind,
für so viele Dienlichkeiten.

Malen wir mit unserm Kind,
was wir ringsumher erkennen
unsre bunte Welt beginnt
farbenprächtig zu entbrennen.

Reden wir mit unserm Kind
über Märchen und Geschichten,
die für alle lehrreich sind,
fängt das Kind bald an zu dichten.

Glücksraum

Den Raum für Glück und Leichtigkeit
kann ich mir selbst erschaffen,
ich gehe in die Welt hinaus
und werde sie begaffen.

Ich lege alle Sorgen ab,
lass los die alten Leiden,
betrete ich den weiten Raum,
dann fühle ich bescheiden.

Wer frei und weit im Herzen ist,
der muss sich zu nichts zwingen,
er lässt die Schwere einfach los,
wird fließen oder schwingen.

Wie wertvoll ist das Hochgefühl
des Freiseins und der Weite,
das Blick des Lebens wird erfüllt
mit Glück von jeder Seite.

Glückstag

Der Freitag soll mein Glückstag sein,
da bricht die Freude aus,
ich wach mit einem Lächeln auf,
schon lacht das ganze Haus.

Steht Dreizehn auf dem Datenblatt,
verspricht das doppelt Glück,
da küsse ich die liebste Maid
und sie küsst mich zurück.

Heut trifft die gute Nachricht ein,
ich bin total gesund,
beim Spiel mit meinem Enkelkind
geht es so richtig rund.

Wir sind total im Jetzt und Hier
im kühlen Januar,
auch wenn es regnet oder stürmt,
der Tag ist wunderbar.

Einladung zum Frieden

Der Wald tut meiner Seele gut,
ich schöpfe neuen Lebensmut,
die Bäume schenken mir viel Kraft,
hier fühle ich mich heldenhaft.

Ich danke dafür, dass ich hier,
für dieses Lebenselixier,
ich komme gern hierher zurück,
denn hier empfinde ich viel Glück.

Hier gibt es keine Seelenpein,
die Stille dringt in mich hinein,
sie breitet sich zum Frieden aus,
der füllt das ganze Seelenhaus.

Die Bäume flüstern ein Gedicht,
der blaue Himmel schenkt mir Licht,
das kleine Bach lädt freundlich ein,
bald wieder einmal Gast zu sein.

Glücklicher Tag

Die Muse küsste früh um vier
so leidenschaftlich meine Wange:
»Steh auf, mein liebes Dichterlein,
die Worte stehen bereits Schlange!«

Ich lachte mich im Spiegel an,
es dichtete mein Gegenüber,
so schrieb ich es auf Klopapier.
trug dann es zum PC hinüber.

Der Nebel rief: »Komm raus zu mir!
Lass uns durch feuchte Wälder laufen!«
Ich schnappte meine Kamera,
um mit ihr durch den Wald zu schnaufen.

Die Wortkunst nahm mich dann in Bann,
ich schrieb Geschichten von Sri Lanken,
am Ende will ich glücklich sein
und diesem schönen Tage danken.

Vom kleinen Glück

Das kleine Glück beginnt im Atem,
wir atmen ein und atmen aus,
so kommen wir in die Erleuchtung
und spenden selber uns Applaus.

Benutzen wir auch alle Sinne,
verspüren wir ein Glücklichsein,
verschließen wir einmal die Augen
und horchen tief in uns hinein.

Wenn wir das Dasein Barfuß erden,
dann fühlen wir den kühlen Grund,
wir sind in Eins mit unsrer Heimat,
verwurzelt mit dem Erdenrund.

Die eigne Freude kann man teilen,
geteiltes Glück ist doppelt Wert,
verschenken wir zudem ein Lächeln,
uns seine Rückkehr widerfährt.

All diese wunderbaren Dinge
behandle ich in Dankbarkeit,
darüber schreibe ich Gedichte,
so denk ich an die schöne Zeit.

Die zauberhaften Augenblicke
beschenken mich mit ihrer Kraft,
sie bleiben im Gedächtnis haften
als kleines Glück, so sagenhaft.

Reise ins Glück

Ich gehe meinen Weg ins Glück
auf eignen Beinen Stück für Stück,
mein Herz zeigt mir die Richtung an,
dass ich mich nicht verirren kann.

Ich wandere zum Zauberwald,
dort ist die Kräuter-Lehranstalt,
alsbald erfüllt sich mir ein Traum,
ich darf umarmen einen Baum.

Dann laufe ich bis an das Meer,
da freut die Weite mich so sehr,
wenn rot die Sonne dort versinkt,
bin ich wie irre glücksbeschwingt.

Es ruft der Berg, ich eile hin
und finde meinen Lebenssinn,
weil ich dem Himmel gar so nah,
bringt Berg mir Glück, Hurra, Hurra!

Die Wüste ist ein Meer aus Sand,
die Wege sind dort unbekannt,
kein Wasser gibt es weit und breit,
das Glück hält sich auch hier bereit.

Du glaubst es nicht, doch ist es wahr,
es wurde mir vor Jahren klar,
das Glück wird niemals auswärts sein,
ich finde es in mir allein.

Der kleine Bach am Wald

Ein kleines Bächlein nah am Wald,
dort wo das Vöglein singt,
hüpft munter über Stein und Stein,
freut sich, weil es gelingt.

Es singt dabei von Poesie,
von Freude und von Lust,
und lacht bei jedem Hüpferling
so göttlich selbstbewusst.

Ich setze mich an diesem Bach
und mach die Augen zu,
sein unentwegtes Murmeln bringt
mich in die tiefe Ruh.

Da steigt in mir ein Frieden auf,
wie schön ist diese Welt!
Ein kleiner Bach im Eifelland
macht glücklich ohne Geld.

Stilles Glück

Wie schön ist es zur Maienzeit,
wenn alle Vögel singen,
wenn auch der Kuckuck ist bereit,
sich voll mit einzubringen,

wenn überall das junge Grün
wird herzensfroh gepriesen,
selbst kleinste Blüten lächeln kühn
ringsum auf allen Wiesen,

wenn strahlend nun der Weißdorn blüht
verlockend tausend Bienen,
wenn dazu noch die Sonnen glüht
wie auf den Philippinen,

dann spüre ich ein stilles Glück,
den tiefen Seelenfrieden,
das Leben wollt sein Meisterstück
an diesem Tage schmieden.

Dein Glück ist wie ein Schmetterling

Mein kleiner Enkel fragte mich:
Wie kann das Glück ich greifen?
Dein Glück ist wie ein Schmetterling,
sei still und lass es reifen!

Dein Glück ist wie ein Schmetterling,
du darfst es niemals fangen,
komm, setzt dich Kind und warte still,
es wird zu dir gelangen.

Gar traurig sprach er: Opa, sag,
wann kommt das Glück geflogen?
Dein Glück ist wie ein Butterfly,
komm setzt dich, warte, eins, zwei, drei,
dann ist es dir gewogen.

Sommerglück

Im Sommer ist das Wetter toll,
die Sonne scheint erwartungsvoll,
wie man es aus Geschichten kennt,
ein jeder schnell ins Freibad rennt.

Dort springt man schnell in kühle Nass
und hat auch sonst viel Badespaß,
man krault die Bahn von rechts nach links,
genießt ein Eis und ein paar Drinks.

Man wird wie Schokolade braun,
und ist so Bronzen anzuschaun,
so geht ein heißer Tag vorbei
mit einem lauten Freudenschrei.

Am Abend ist man dann geschafft,
man wird vom Schlaf hinweggerafft,
der Traum vom sommerlichen Glück
kehrt morgen schon zu uns zurück.

Neuer Brauch

Es möge deine Stimmung
ein helles Leuchten sein,
wie eine Glocke klingen,
bemerkenswert und rein.

Es mögen die Gefühle
erheben sich im Glück,
ein Wunder uns begleiten
auf einem Lebensstück.

Denn strahlen wir im Heute
nur Glücksgefühle aus,
dann ernten wir Gesätes,
ein Licht scheint in das Haus.

Das Leben hat Gesetze,
das Fühlen kennt sie auch,
beginnen wir mit Liebe,
das ist der neue Brauch.

Glückliches Denken

Dinge, die uns je begegnen,
ziehen wir in Wahrheit an,
denn Gedanken sind Magnete,
denen man vertrauen kann.

Niemand will das gerne hören,
keiner weiß, wie es passiert,
doch Gedanken und Gefühle
werden selten kontrolliert.

Wollen wir uns glücklich fühlen
oder feiern wir das Leid,
was wir senden, wird empfangen,
gute oder schlechte Zeit.

Die Gedanken senden Wellen
in das Universum aus,
heitres Denken hat zur Folge,
so kommt Glück zurück ins Haus.

Leben im Glück

Für mich ist heut Sonntag,
damit ihr es wisst,
ich preise das Leben
als Wortkomponist.

Es regnet der Regen
in Meditation,
ich preise die Stille
als Friedensmission.

Es lebe das Nichtstun,
die Faulenzerei,
ich preise die Muße
als Wortspielerei.

Ich bin hier im Heute,
im Lichtaugenblick
ich preise die Liebe
und lebe im Glück.

Das Leben ist voller Wunder

Wenn wir nicht glücklich leben,
wenn wir nicht friedvoll sind,
dann können wir nicht teilen,
wir sind nicht wie ein Kind.

Wer glücklich ist, kann lächeln,
der sieht das Himmelblau,
er freut sich über Blumen,
ob Kind, ob Mann, ob Frau.

Er riecht den Duft des Frühlings,
lauscht einer Nachtigall,
das Lachen eines Kindes
hört gern man überall.

Im Grünen gibt es Frieden,
der Wald schenkt seine Ruh,
der Bach erzählt Geschichten,
ich hör ihm gerne zu.

Der Glück erwächst im Herzen,
ein Lächeln drückt es aus,
kommt, lass uns alle üben,
dann wohnt das Glück im Haus

Ein jeder hat die Gabe,
die Wunder anzusehn,
in Liebe zu betrachten,
denn dann ist alles schön.

Auf dem Weg ins Glück

Beginn den Tag mit Leichtigkeit,
lass los den alten Groll,
die positive Energie
ist so bedeutungsvoll.

Sich sorgen ruft nur Leid herbei,
befreie dich davon,
dein Geist ist gerne leer und frei,
so wie ein Elektron.

Entlasse jeder schwere Last,
begrenze dein Gepäck,
das Leben möchte einfach sein,
so dienst es seinem Zweck.

Erwarte nichts und gebe viel,
sei dankbar, was du hast,
bewahre dir stets den Humor,
so minderst du die Last.

Wirf fort die Angst und lache viel
und liebe immer mehr,
es könnte deine Lösung sein,
das macht dich legendär.

Genieß die Wunder der Natur,
umarme einen Baum,
verschenk dein Lächeln immerzu,
dann bleibt das Glück kein Traum.

Seelenfrieden

Fühlt in diese Zeit hinein!
Lasst uns sie mit Licht erfüllen!
Liebe soll für ewig sein,
ihre Aura uns umhüllen.

Wo wir sind, ist Energie,
und ein lichtvolles Geschehen,
spüren wir die Harmonie,
so soll unser Leben gehen.

Spürt ihr die Glückseligkeit,
dieses sonderbare Glühen,
jetzt und hier zur rechten Zeit
wird der Seelenfrieden blühen.

Glückstag

Heute muss mein Glückstag sein,
denn es schlägt die Dreizehn ein,
heute bin ich voller Mut,
und es geht mir richtig gut.

Lachend stehe ich nun auf,
flugs ins Bad im Dauerlauf,
lache mich im Spiegel an.
Wer ist dieser Weihnachtsmann?

Nach dem Frühstück Einigung,
ich mach eine Reinigung,
ist das Bad nun blitzeblank,
trink Espresso ich zum Dank.

Mittags trudeln Gäste ein,
tragen sehr viel Glück herein,
stundenlang wird nun gelacht
über das, was mitgebracht.

Sind die Gäste aus dem Haus,
geht mir auch das Lachen aus,
weil aus mir der Dichter spricht,
schreibe ich nun ein Gedicht.

Denk ich an den Tag zurück,
spüre ich ein großes Glück,
Seligkeit geht nicht vorbei,
mir entfährt ein Freudenschrei.

Atme dich in Harmonie

Atme dich in Harmonie,
sei ein Kind, das neu geboren,
durch dich strömt statt Blut das Glück,
dazu bist du auserkoren.

Sei im Einklang mit dem Sein,
kindlich ohne Egoglauben,
jedes Leiden welkt dahin,
wenn wir selber uns entstauben.

Lasse all den Unsinn los:
Angst und Mühe und die Sorgen,
lebe stets nur jetzt und hier,
denke niemals an das Morgen.

Dann vertraue stets dem Glück,
jedes Lächeln macht dich weise,
atme dich in Harmonie,
lebe friedlich deine Reise.

Ohne Sorgen

Alles, was wir jemals haben,
haben wir im Augenblick,
es sind oft die kleinen Wunder,
die bescheren großes Glück.

Wenn ich Großes will vollbringen,
fange ich im Kleinen an,
will ich ein Gedichtband schreiben,
werde ich zum Dichtersmann.

Es gibt keine Schwierigkeiten,
lebe ich im Jetzt und Hier,
Frauen, die ein Kind geboren,
ich bei weitem applaudier.

Liebe ohne Ende schreib ich,
mit dem ersten Wort ging's los,
macht ich täglich immer weiter,
wird das Werk auch einmal groß.

Wenn ich glaube, dass ich brauche,
was ich im Moment nicht hab,
dann bin mit mir nicht glücklich,
steh mit einem Bein im Grab.

Denk ich klein, erreich ich Großes,
einfach ist nicht kompliziert,
ich vertraue meiner Zukunft,
und dann läuft es wie geschmiert.

Zufriedenheit

Im Frieden sein mit deinem Leben,
führt dich in die Zufriedenheit,
Anstatt zu brauchen, schätze Haben,
das schenkt dir Glück in Ewigkeit.

Du muss nicht jede Antwort kennen,
vertraue deinem Wohlgefühl,
so steht das Glück an deiner Seite,
denn was du brauchst, das ist nicht viel.

Das Einfache stets wertzuschätzen,
gibt deiner lieben Seele Ruh,
wer handelt, der wird nicht behandelt,
sagt schon der weise Marabu.

Die Schöpfung zwingt niemals zum Wachsen,
sie ist stets unsichtbar präsent,
im Frieden sein mit deinem Leben,
das ist, wie man das Glück auch nennt.

Der Klang der Stille

Lausche auf den Klang der Stille,
in der Stille liegt das Glück,
dort alleine wirst du selig,
kommt der Frieden dir zurück.

Ruhe in der tiefen Stille,
stelle dann dein Denken ein,
übe täglich eine Stunde,
bald wirst du im Frieden sein.

Sitze einfach da und horche,
Töne ohne Zweck und Sinn,
du benötigst keine Gründe,
denke einfach: Hier ich bin.

Lausche auf den Klang der Stille,
spüre so dein wahres Sein,
kommt ein leiser Ton von innen,
bist du ganz mit dir allein.

Unerhörtes Glück

Ich schenke dir des Nachts die Sterne,
am Tage schenk ich Sonnenschein,
spürst du die wunderbaren Gaben,
dann bist du niemals mehr allein.

Der schönste Augenblick des Lebens,
wenn ich im Sinne bei dir bin,
ich schreib es auf das Blau des Himmels,
du gehst mir nicht mehr aus dem Sinn.

Ich schaue tief ins Universum,
verspür in jedem Augenblick
ein süßes, zauberhaftes Lächeln
und dieses unerhörte Glück.

Ich danke dir aus reinem Herzen,
mehr fällt mir heute nicht mehr ein,
die Liebe blüht so wie ein Lotos,
so kann sie und so darf sie sein.

Geschenktes Glück

Lass mich dein Lachen hören,
schenk mir dein Augenblick,
betöre mit der Stimme,
gewähre mir das Glück.

Liebkose mich mit Fingern,
bis dass mein Herz mir bebt,
die Zartheit deiner Lippen
mich kolossal belebt.

Berühre mich mit Haaren,
hüll mich mit Küssen ein,
wie schön sind deine Brüste,
darf ich ihr Pate sein.

Lass deine Augen strahlen
in jedem Augenblick,
dein Herz schenkt meinem Dasein
so viel vom großen Glück.

Du bist dein eigener Meister

So mancher Mensch fasst den Beschluss,
er will im Unglück leben,
das Glück nimmt einem alles weg,
was es ihm einst gegeben.

Das Unglück nährt dein Ego stets,
das Glück kann drauf verzichten,
man ist nicht, wenn man glücklich ist,
das muss ich dir berichten.

Ein Glücklicher ist nicht beliebt,
was fällt ihm ein zu lachen,
wenn andre durch die Hölle gehn,
bekämpfen tausend Drachen?

Drum hab den Mut, sei glücklich heut,
mag es riskant erscheinen,
du bist dein eigner Meister hier,
lass doch die andren weinen.

Weißt du, was Glück ist?

Verlässt du diesen Teil der Welt
und die Vergangenheit,
du trittst aus der Geschichte aus,
bist auch nicht Teil der Zeit.

Wenn nun verschwinden Zeit und Raum,
dann bist du transzendent,
dann spürst du die Glückseligkeit,
die mancher von euch kennt.

Der höchste Gipfel unsres Sein
ist die Glückseligkeit,
die Wahrheit macht sie dir bewusst,
verlasse Raum und Zeit.

Fantasie zum Glück

Stell dir vor, du bist so glücklich,
freudig gehst du durch den Tag,
du stehst auf mit einem Lachen,
das ein jeder gerne mag.

Stell dir vor, du bist so glücklich,
du gehst lächelnd auch ins Bett,
Träume voller Glücksgefühle
doch ein jeder gern hätt.

Stell dir vor, du bist so glücklich,
Euphorie im ganzen Jahr,
Fantasien voller Wonne
sind besonders wunderbar.

Erschaffe dein Paradies

Liegst du im Bett, genieße still
den wunderen Glücksmoment,
entdecke darin alles neu,
ja auch das kleinste Element.

Erinnre dich mit jedem Sinn,
erlebe es so im Detail,
den Duft, den Laut und dein Gefühl,
verspüre es so megageil.

Nuancen werden plötzlich klar,
auch manche Nebensächlichkeit,
du nimmst so viele Dinge wahr,
Erinnerung in Achtsamkeit.

Erlebst du dieses Glück ganz neu,
weilst du im eignen Paradies
ganz eingehüllt in Göttlichkeit
auf deinem eignen, goldnen Vlies.

Affirmation

Es gibt ein göttliches Gesetz,
man nennt es auch Affirmation,
wenn man etwas von Herzen will,
bekommt man es sehr bald als Lohn.

Doch viele glauben nicht daran,
im Grunde wünschen sie sich Leid,
sie sind von Herzen Pessimist:
Das klappt ja nie, wird ausgespeit.

Beenden wir die Traurigkeit,
beschließen wir, im Glück zu sein,
das sagen wir uns jeden Tag,
so trifft die Freude bei uns ein.

Und morgens wiederholen wir:
Das Glück kommt zu mir Stück für Stück,
der Mensch ist das, was er auch denkt,
vom Himmel fällt das wahres Glück.

Du bist dein Himmel

Die Reife kommt, wenn du verspürst,
dass du dein eigner Himmel bist,
du leidest doch nur wegen dir,
du bist dein eigner Fatalist.

Du bist der Schöpfer des Gefühls,
ob Freude oder tiefes Leid,
das Glück erblüht in dir allein,
du bist von ihm gebenedeit.

Gib niemand anderem die Schuld,
du bist für dich verantwortlich,
so zieht die Reife in dich ein,
und du bemerkst es sicherlich.

So reifen wir ein Leben lang
und lernen, was das Herz begehrt,
wir werden unser Himmel sein,
erkennen wir auch unsren Wert.

Übung macht den Meister,

Wenn wir ernsthaft meditieren,
laden Schmerzgefühle ein,
sie mit Kühnheit zu durchschreiten
bis zum Tod der Seelenpein.

Dann verlassen wir das Alte
achtsam und sehr konzentriert,
bis der böse Geist von gestern
sich in Seligkeit verliert.

Wir verspüren Dank und Freude,
unerhörte Leichtigkeit,
bis das Spiel der Elemente
treibt uns zur Glückseligkeit.

Wenn uns Lachen, Raum und Stille
schenken Seelenfrieden ein,
ruht die Dankbarkeit im Herzen,
spüren wir das Glücklichsein.

Weg zum Glück

Verlassen wir die Repressionen,
befreien wir uns stets vom Zwang,
beenden wir die Lust zur Wertung,
beginnen wir den Heilungsgang.

Begreifen wir die Konsequenzen
von jedem Schritt in unserm Tun,
beginnen wir das Leid zu meiden,
dann werden wir im Herzen ruhn.

Wir sind nicht auf der Welt zu leiden,
doch lähmen Ängste uns oft sehr,
das Ungewisse loszulassen,
um frei zu sein im Weltenmeer.

Beginnen wir, die Welt zu ändern,
und tragen Liebe dort hinein,
verlassen wir das alte Denken,
dann werden wir bald glücklich sein.

Die Wunder des Alleinseins

Man will das Glück im Außen finden
und findet in sich selbst nie Ruh,
drum geht man ständig unter Leute,
dies Denken trifft auf viele zu.

Ein solches Glück ist oberflächlich,
im Grunde ist es eine Sucht,
man sucht Bestätigung im Außen,
doch ist es eine falsche Flucht.

Beginnst du, in dich selbst zu sinken,
wirst du von Traurigkeit erfasst,
aus diesem Wehgefühl der Stille
nimmt Leichtigkeit dir deine Last.

Vergiss die Lust nach Sensationen,
entleere deine eigne Welt,
betrete diesen Raum der Farben,
bis dich Glückseligkeit befällt.

Die Grundlagen des Glücks

Die Liebe eines Wesens
ist seine Goldnatur,
sein Frieden, seine Güte
sind Lebensfreude pur.

Die tiefen Emotionen
sind reines Mitgefühl,
sie geben uns die Wärme
im großen Lebensspiel.

Im Lächeln wohnt die Freude,
es lässt die Liebe frei,
die Harmonie des Daseins
ruft Glücksgefühl herbei.

Mit Ruhe in der Stille
kehrt Seelenfrieden ein,
so werden wir gelassen
und voller Frieden sein.

Sei dankbar

Ich danke für deine Heilung.
Wir danken für deine Heilung.
Sei dankbar für deine Heilung.

Ich danke für deinen Mut.
Wir danken für deinen Mut.
Sei dankbar für deinen Mut.

Ich danke für deine Veränderung.
Wir danken für deine Veränderung.
Sei dankbar für deine Veränderung.

Ich danke für deine Freude.
Wir danken für deine Freude.
Sei dankbar für deine Freude.

Ich danke für dein Glück.
Wir danken für dein Glück.
Sei dankbar für dein Glück.

Ich danke für dein Dasein.
Wir danken für dein Dasein.
Sei dankbar für dein Dasein.

Der Weg zu dir

Wenn du mit dir im Frieden bist,
dann bist du auch im Glück,
du bist dein allerbester Freund,
dein allerbestes Stück.

Damit du deinen Wert erkennst,
schau tief ins Herz hinein,
und wenn du deine Werte lebst,
kehrt Seelenfrieden ein.

Dann höre, was dein Herz dir sagt,
erkenne dein Talent,
und lebe Emotionen aus,
ein Feuer in dir brennt.

Dein Glück wächst wie ein Blümelein
aus deinem Herz heraus,
drum meditiere für dich selbst,
üb Achtsamkeiten aus,

Egal wer du auch einstmals warst,
die Zeit ist lang vorbei,
du bist ein wunderbarer Mensch,
ein Licht, ein Sonnenschrei.

Der Weg ist lang, der erst Schritt
beginnt an diesem Tag,
ein Schutzengel im weißen Kleid
dich stets begleiten mag.

Mein Glück heute

Mein Glück beginnt bereits am Morgen,
ich wache heut lebendig auf,
dann freue ich mich über Regen
und über jeden Wasserlauf.

Ich bin so glücklich, kann ich dichten,
fällt mir mit Freuden etwas ein,
so vieles kann mich inspirieren,
das Leben kann kaum schöner sein.

Bei Dauerregen pflück ich Bärlauch,
der hält den Körper sehr gesund,
wie Frank Sinatra kann ich tanzen,
da geht es auch im Walde rund.

Ein Eichhörnchen schaut durch das Fenster
und winkt mir voller Freude zu,
bedankt sich für die süßen Nüsse,
es macht mich glücklich der Filou.

Magnolien blühen an den Wegen
zartrosa oder weiß wie Schnee,
so lassen sie das Glück erblühen,
ich bin so reich wie ein Bankier.

Für all das bin ich wahrlich dankbar,
für jeden tollen Augenblick,
die Freuden wohnt in meinem Herzen,
sie sorgen für mein großes Glück.

Wozu leben wir?

Die Frage steht zunächst im Raum.
Ist Glück vielleicht wie Weg und Ziel?
Wie wird das Glück durch uns erkannt?
Woher kommt dieses Glücksgefühl?

Denkt mal zurück, als ihr noch klein,
das Glück kam aus der Mutterbrust,
viel Liebe gab auch die Mama,
wie groß war eure Lebenslust?

Viel später fing das Denken an.
Man glaubt, im Nehmen liegt das Glück,
auf Liebe ist man sehr erpicht,
man gibt und will sie auch zurück.

Und kommt sie nicht, kauft man sich was,
das nennt man dann den Glücksersatz,
man freut sich, dass man etwas hat,
so kommt der nächste Wunsch ratzfatz.

Solch Glück hält niemals lange stand,
es ist ein Feuer ganz aus Stroh,
das Habenwollen wird zur Gier,
das Glück verhält sich ebenso.

Wer nichts mehr braucht, der nichts mehr will,
dem folgt das Glück in Dankbarkeit,
tritt dann der Seelenfrieden ein,
verspürt man die Glückseligkeit.

Sei, wer du bist!

Du selbst bestehst aus wahrer Liebe
wie alle Wesen dieser Welt,
lass dich von außen nicht verändern,
damit die Liebe sich erhält.

Im Glück zu leben, ist gewöhnlich,
dein Glück ist Teil von deinem Sein,
wenn du dich kennst, wirst du erleben,
der Quell des Glücks bist du allein.

In dir sind schöpferischen Kräfte
und grenzenlose Fantasie,
beginne nur, dir selbst zu trauen,
dann bist du frei in Anarchie.

Hör auf, im Außen dich zu suchen,
ein Mangel ist nur Illusion,
du selbst bestehst aus wahrer Liebe,
du brauchst sie nicht, du hast sie schon.

Das Glück der Stille

Bisweilen sitze ich am Flusse,
genieße nur den Sonnenschein
ganz traumverloren ohne denken
und lass die Stille in mich ein.

Der Fluss erzählt mir gern Geschichten,
ich höre ihm begeistert zu,
verhalten flüstern seine Wellen,
so finde ich hier meine Ruh.

Der Himmel will mein Werk beleuchten,
beschaulich hüte ich mein Glück,
am Himmel ziehen weiße Wolken,
die Stille wird zum Meisterstück.

Die Zeit kennt nur die Ewigkeiten,
ich ruhe still am Fluss aus,
manch einer nennt es meditieren,
ich warte auf das Tagesaus.

Dein Auftrag

Dein Auftrag ist es, Gott zu werden,
zu leuchten wie der Sonnenschein,
zu strahlen wie das Universum,
voll wahrer Liebe stets zu sein.

Dein Auftrag führt dich zur Ekstase,
zu einem höchsten Glückszustand,
dein Ziel ist, wahres Sein zu finden,
das Paradies im Märchenland.

Dein Auftrag ist die Glückserfahrung,
die Liebe und das Mitgefühl,
ist dein Bewusstsein dann zuhause,
genießt du täglich dieses Spiel.

Dein Auftrag lüftet dein Geheimnis
der ewigen Glückseligkeit,
du treibst im großen Fluss der Liebe
und akzeptierst das Licht der Zeit.

Der Klang des Himmels

Urplötzlich weitet sich der Himmel
und gibt mir seine Freiheit preis,
ich seh die hohen, weißen Berge,
als hätte ich den ersten Preis

gewonnen bei den Erdengöttern
so nahe bei dem Weltenraum,
ein süßer Klang von lauen Winden
erfüllt mir meinen Lebenstraum.

Unendlich mystisch wirken Kräfte,
sie schenken mir ein Glücksgefühl,
mein Körper schwebt in Seligkeiten,
der Berg ist Weg, der Gipfel Ziel.

Ich fusioniere hier mit allem,
nun bin ich Stein und Baum und Fluss,
den Klang des Himmels und der Erde
ein jeder selbst entdecken muss.

Das Glück im Jetzt

Dein Glück liegt nicht in ferner Zukunft,
es hängt auch nicht von Fremden ab,
du selbst gibst deinem Leben Fülle
und schenkst dir Glücksmomente satt.

Dein Glück liegt nicht in schnöden Dingen,
es ist nicht Reichtum, Ruhm und Macht,
die Dinge wecken das Verlangen,
da wird die Gier nur angefacht.

Kennst du das Glück, genug zu haben,
und gibst vom Haben etwas her,
spürst du den Dank für all die Wunder?
Den Wald, die Berge und das Meer?

Ruhst du im tiefen Seelenfrieden,
kehrt Dankbarkeit in Herzen ein,
dann lebst du hier und jetzt auf Erden
und wirst auf ewig glücklich sein.

Wonach suchst du?

Suchst du nach der wahren Liebe?
Suchst du nach dem großen Glück?
Wie kannst du Verständnis finden?
Gibst du Herzlichkeit zurück?

Brauchst du jemand, um zu lieben?
Brauchst du etwas für dein Glück?
Kannst du Fremde auch verstehen?
Gehst du auf sie zu ein Stück?

Kannst du dich wahrhaftig lieben?
Sorgst du für dein eignes Glück?
Kannst du dich als Mensch verstehen?
Bist du selbst dein Meisterstück?

Der Tag des Glücks

Der Tag, auf den du hoffst, ist heute,
denn heute ist der Tag voll Glück,
spürst du den Atem deiner Lunge,
so lebst du selbst dein Meisterstück.

Vollkommen lebst du jede Stunde,
das Glück ist stets im Jetzt und Hier,
betrachte all die Weltenwunder,
die findest du gleich vor der Tür.

Verspürst du, dieser Tag ist alles,
er malt den Himmel königsblau,
aus deinem Herzen strahlt die Sonne,
die Welt ist eine große Schau.

Du bist wie eine lila Wolke,
du bist der Mond in heller Nacht,
du trägst das Glück in deinem Herzen,
aus Liebe wurdest du gemacht.

Der glücklichste Moment

Den glücklichsten Moment des Lebens,
den allerschönsten Augenblick
kannst du am eignen Leib erfahren,
nur so verspürst du großes Glück.

Den glücklichsten Moment zu schaffen,
erfordert sehr viel Dankbarkeit,
die Vögel singen dir ein Liedchen,
verschönern dir damit die Zeit.

Den glücklichsten Moment zu spüren
und all die Wunder um ihn her,
das Lächeln eine kleinen Kindes,
was willst du denn im Leben mehr?

Den glücklichsten Moment des Lebens,
den Seelenfrieden im Moment
kannst du für dich allein verspüren
sehr tief im Herzen, vehement.

Glück

Vögel zwitschern früh am Morgen,
selig ruhe ich im Bett,
warte auf den Sonnenaufgang,
habe alles, was ich hätt.

Rot erblüht der neue Himmel,
freudig lache ich mich an,
bin am Leben ohne Schmerzen,
was man sich nur wünschen kann.

Ein Kleinigkeit zum Frühstück,
dazu eine Tasse Tee,
danach einen Baum umarmen,
ruhen an dem stillen See.

Ein Gedichtchen wird geboren
und die Liebste ist dabei,
Glück erfüllt mein schönes Leben,
Geld ist mir so einerlei.

Überglücklich

Überglücklich in der Liebe
nutzt du diese schöne Zeit,
um die Herzen zu erfreuen,
bis hin zur Glückseligkeit.

Spürst du selbst dein lichtes Strahlen,
machst du dich und andre reich,
große Augen, mildes Lächeln,
teilst du Glück, das nektargleich.

Dein Gefühl kann niemand stehlen,
es bringt jedermann Gewinn,
liebst du so dein schönes Leben,
gib dem Seelenheil dich hin.

Trunken stimmt dich deine Freude,
Lachen tönt aus dir heraus,
tief im Herzen wohnt die Stille
froh in deinem Seelenhaus.

Glücksgedichte

Ich fühle mich total im Glück,
woran mag das wohl liegen,
ich schrieb die Glücksgedichte auf
und habe nicht geschwiegen.

Mit einem Buch geballten Glück
muss man sich glücklich fühlen,
das Glück dringt in die Seele ein
und schwingt in Molekülen.

Bald steigt das Glück aus meinem Buch,
es möchte mit dir lachen,
kaufst du es ein, dann kann das Glück
die große Freude machen.

Lächeln macht glücklich

Hast du heute schon gelächelt?
Bist du momentan im Glück?
Wenn nicht, müssen wir es üben,
dafür gibt es kein Zurück.

Komm, stell dich vor einen Spiegel,
schau dich ausgelassen an,
aus dem Bauch steigt gute Laune
wie ein bunter Clown alsdann.

Wenn's nicht klappt, dann nimm die Finger,
schiebe deine Wangen rauf,
siehst du dann ein blödes Grinsen,
nimmt der Frohsinn seinen Lauf.

Denke immer an was Schönes,
lächeln macht dich lebensfroh,
tief im Herzen wirst du glücklich
und der Mitmensch ebenso.

Was ich gern möchte

Ich möchte gern im Seelenfrieden
fortwährend nur noch glücklich sein,
verspüren all die tiefe Liebe
mit euch oder mit mir allein.

Ich möchte Bäume gern umarmen
und Wunder sehen überall,
verspüren all das schöne Leben
und lauschen einer Nachtigall.

Ich möchte meinen Körper heilen
und mit ihm meinen großen Geist,
tagtäglich etwas weiser werden,
dass mich das Leben unterweist.

Ich will der Welt Gedichte schenken,
mein Leben voller Poesie,
von meiner Liebe will ich geben
für Frieden und für Harmonie.

Wer die Wahl hat

Wer die Wahl hat, hat die Qual.
Was ist schön und gut und nützlich?
Was ist richtig, was ist falsch?
Was macht viele Leute glücklich?

Was ist menschlich, was gerecht?
Wie erleichtert man das Leben?
Wie erhält man die Natur?
Was hilft uns, zum Glück zu streben?

Wer stellt sich nicht über dich
und spricht stets auf Augenhöhe?
Wer will stets im Frieden sein,
wer ist keine Menschenkrähe?

Wer tut stets auch, was er sagt?
Wem schenkst du dein Urvertrauen?
Wer die Wahl hat, hat die Qual.
Auf wen kannst du wirklich bauen?

Im Jetzt

Das Glück wünscht Liebe jetzt,
es will, dass ich dich küsse,
auf deinen Erdbeermund,
den ich so sehr vermisse.

Das Glück hat wenig Zeit,
es will mit Zärtlichkeiten,
die dauern Stund um Stund,
uns Freude stets bereiten.

Das Glück braucht keine Uhr,
es will sich jetzt vergnügen,
das wir im puren Wahn
durch Raum und Zeiten fliegen.

Das Glück bleibt ewig frisch,
wenn wir von Herzen geben,
und lassen wir es los,
kehrt Frieden ein ins Leben.

Glück der Beschaulichkeit

Im frühen Morgen tanzen Nebelgeister
auf feuchten Wiesen durch das Sonnenlicht,
der Tau benetzt wie Silber Spinnenfäden,
wo die Magie zu uns in Rätseln spricht.

Wer will, kann durch die Nebelmeere wandern,
in grauer Suppe kommt viel Mystik auf,
die feuchte Schleier schlucken die Geräusche,
unheimlich wirken Feen am Bachverlauf.

Ich wate durch die wollig-weiche Watte,
der Morgen stirbt in seiner Endlichkeit,
bald hat der Tag die Traurigkeit verloren,
das Glück erfindet die Beschaulichkeit.

Dein Glück

Dein Glück kommt mit dem Sonnenschein
der Freude und der Lust,
die Quelle liegt in dir allein,
das werde dir bewusst.

Dein Glück kommt mit der Dankgefühl,
dass du geboren bist,
du spürst in jedem Molekül,
wie schön das Leben ist.

Dein Glück kommt mit der Achtsamkeit,
du atmest ein und aus,
wie schön ist jede Jahreszeit,
du spendest ihr Applaus.

Dein Glück folgt der Begeisterung,
mit der du wahrlich liebst,
die Harmonie hält dich sehr jung,
je mehr du davon gibst.

Wege ins Glück

Dankbar bin ich für mein Leben,
dankbar, dass ich atmen kann,
was mir die Natur gegeben,
ich mein Bestes geben kann.

Leichtigkeit wird Freude bringen,
und sie führt zu Heiterkeit,
damit wird so viel gelingen,
Glück ist doch die schönste Zeit.

Negatives zu vermeiden,
ist für mich ein guter Plan,
nur im Guten will ich weiden,
dann zieht Glück die hohe Bahn

Worten lauschen, wenig reden,
so erfährt man von der Welt
schätze mich und einen jeden,
weil das meinem Glück gefällt.

Wie ein König leben

Ich werde wie ein König leben,
ganz ohne Angst in meinem Schloss,
entspannt im tiefem Seelenfrieden
vom Keller bis zum Dachgeschoss.

Es gibt kein Druck und keine Spannung,
kein Herzschmerz und Alltagsstress,
die Liebe wird mich stets begleiten,
die Leidenschaft wird zum Exzess.

Ich muss nichts tun, um Glück zu spüren,
das Glück ruht still in meinem Sein,
man kann es ohnehin nicht kaufen,
das Glück kommt zu mir von allein.

Gebezeitalter

In uns allen ruht die Liebe,
wenn wir geben, blüht sie auf,
wenn wir unsre Liebe teilen,
ändert sich der Weltenlauf.

Jeder von uns hat Talente,
womit er die Welt beglückt,
hochbegabt sind wir doch alle,
wenn man weiß, wie jeder tickt.

Geben wir von unsrer Wärme,
teilen wir mit Nachbarn Brot,
raffen zeugt von großer Leere,
es zeigt an, dass man schon tot.

Geben macht den Geber glücklich,
weil er dadurch viel gewinnt,
er verdoppelt Glücksgefühle,
wenn die Gebezeit beginnt.

Kaufen bringt's

Die Werbung suggeriert dir gern,
das Kaufen bringt dir Glück,
und wenn du es erstanden hast,
dann bleibt das Glück ein Stück.

Geht dieses Stückchen Glück vorbei,
dann sagt dir deine Sucht:
Komm, kauf dir etwas Neues ein,
das Glück ist auf der Flucht.

Wenn du das Glück im Kaufen suchst,
dann bleib es nicht bei dir,
kehrst du zurück zur Dankbarkeit,
zum Friedenselixier.

Das große Glück verspürst du erst,
kehrst du tief in dich ein,
wenn du die kleinen Wunder siehst,
wird Seelenfrieden sein.

Du Glücksschmied

Niemand wird dir Liebe geben,
wenn du es nicht selber tust,
niemand schenkt dir tiefe Stille,
wenn du nicht im Frieden ruhst.

Niemand wird Gaben schenken,
hast du sie nicht selbst erkannt,
niemand wird dein Wert erkennen,
hast du ihn nicht aufgespannt.

Niemand wird je zu dir finden,
wenn du nicht weißt, wer du bist,
niemand heilt dir deine Leiden,
du bist selbst ein Jesus Christ.

Niemand wird die Seele streicheln,
wenn dein Sein zur Sorge flieht,
niemand schenkt dir Wohlergehen,
du bist deines Glückes Schmied.

Glück ist Fühlen

Langsam kann ich es begreifen,
nur mein Fühlen bringt mir Glück,
Geld und Macht sind voller Elend,
Freude bringt das Glück zurück.

Schönheit finde ich im Herzen,
keineswegs in der Gestalt,
Glück bewohnt die Emotionen,
spür ich sie, dann mach ich halt.

Das Gefühl der wahren Liebe
macht sich in mir fraglos breit,
Lieben heißt vor allem geben,
dafür ist die rechte Zeit.

Unser Innen ist gern glücklich,
dazu gibt es eine Pflicht,
wenn wir selber gerne leuchten,
werden wir zum Sonnenlicht.

Glückstag

Der Freitag ist ein dreizehnter,
er bringt uns großes Glück,
wenn Aphrodite lächelt süß,
die Liebe kehrt zurück.

Dann kam der Katholikenclan
und sagte, er bringt Pech,
verängstigen war stets ihr Ziel
vom Po bis hin zum Lech.

Der Freitag ist ein Freudentag,
weil jedermann erkannt,
nur ein paar Stunden sind es noch,
dann folgt das Wochenend.

Der Freitag ist ein Liebestag
wie jeder andre auch,
ein jeder liebe, den er mag,
das ist ein alter Brauch.

Kostbarkeit

Die Zeit ist eine Kostbarkeit,
sie kehrt niemals zurück,
drum hüte sie als großen Schatz,
genieße sie als Glück.

Die Sonne hat nur einen Tag,
geht sie am Morgen auf,
sie lebt den Tag mit großer Lust,
genießt so ihren Lauf.

Drum lasst uns wie die Sonne sein,
ein jeder Tag ist neu,
wir lächeln in den Tag hinein,
sind glücklich ohne Scheu.

Der Tag ist voller Kostbarkeit,
er kehrt nie mehr zurück,
drum lasst uns voller Freude sein,
zudem im Lebensglück.

Leicht zu finden

Das Glück ist leicht zu finden,
es schaut bei dir vorbei
mit vielen kleinen Wundern
als leise Liebelei.

Drum sei für immer achtsam,
das Glück ist manchmal klein,
du kannst es übersehen,
so soll es ja nicht sein.

Dein Glück beginnt am Morgen,
du schlägst die Augen auf
und spürst, du bist am Leben,
beginne deinen Lauf.

Ein nettes Wort, ein Lächeln,
vielleicht ein süßer Kuss,
die Sonne schenkt dir Frieden,
was das für Glück sein muss.

Geh einen Baum umarmen,
sei froh, wenn du gesund,
berieche ein paar Blumen
und mach es wie dein Hund.

Sieh all die kleinen Käfer,
lausch auch dem Vogelsang,
wenn Schmetterlinge schweben,
dein Glück geht seinen Gang.

Auf dem Weg zur Glückseligkeit

Nimm den Atem als Geschenk,
atme ein und atme aus,
so blüht alles Leben auf,
spendet selber sich Applaus.

Lass das Gestern einfach los,
reise ohne viel Gepäck,
leichter schreitest du voran,
ist der alte Ballast weg.

Nimm dein Herz als Blüte wahr,
pflege sie mit viel Gefühl,
märchenhaft erwächst ein Park
dir zum schönsten Domizil.

Dringt die Stille in dich ein,
sät im Innern sie dir Kraft,
Schweigen aus dem Weltenall
weckt in dir die Leidenschaft.

Pflasterst du dir deinen Weg
mit dem Stein der Dankbarkeit,
folgt ein Schatten deinem Ich,
steht die Fülle bald bereit.

Zum Glück des inneren Friedens

Ein jeder möchte seinen Frieden,
drum geht er seinen eignen Weg,
er sucht sich passende Begleiter
mit Heiterkeit als Privileg.

Das Leid der Welt kann er nicht tragen,
es ist auch nicht für ihn gemacht,
Zufriedenheit ist leicht zu finden,
verzichtet man auf manche Pracht.

Der Glaube kann das Leben ändern,
wir setzen uns ein neues Ziel,
es zu erreichen, macht uns glücklich,
ein kleiner Schritt bedeutet viel.

Es muss nicht alles gleich gelingen,
der Anspruch ist meist viel zu groß,
wir lachen über unsre Fehler
und lassen das Ergebnis los.

Wir lieben lieber, statt zu hassen,
verstrahlen gute Energie,
verbinden uns mit starken Bäumen
und stärken unsre Fantasie.

Die Stille gibt uns tiefen Frieden,
viel Ruhe und Gelassenheit,
das Glück entfaltet sich im Herzen
und macht im Inneren sich breit.

Grundlos glücklich

Grundlos glücklich und zufrieden
möchte ich im Leben sein,
dieses Zustand aus der Stille
führt zur Fülle mich hinein.

Jenseitig vom Raum des Wollens
öffnet sich ein großes Tor,
auf dem Boden der Mysterien
trete mutig ich hervor.

Grundlos ist das Tal der Stille,
ohne Angst geh ich hinein,
meine Energie und Liebe
wird der Quell der Fülle sein.

Lebend in Lebendigkeiten
immerfort im Jetzt und Hier
steh ich auf dem Grund des Daseins,
das mein Lebenselixier.

Ein Rezept für Glück

Es sind keine Zahlen wichtig
so wie Alter und Gewicht,
auch nicht Geld auf einem Konto,
weil kein Glück je davon spricht.

Lasse die Synapsen blitzen
und benutze den Verstand,
übe dich in einem Handwerk,
schau dir an das schöne Land.

Gehe für dich neue Wege,
lass die alten Straßen sein,
nimm das Grau aus der Routine,
lass das Leben farbig sein.

Spüre dich und die Gefühle,
drücke dich auch damit aus,
sieh die Liebe in der Fülle
wie in einem Blumenstrauß.

Bring Lebendigkeit ins Leben,
sei dein allerbester Gast,
dann, umgebe dich mit Wesen,
die du noch viel lieber hast.

Ja, genieße deine Tage
immerfort im Jetzt und Hier,
sei dir selbst stets eine Sonne,
sein dein Freudenelixier.

Dein Weg zum Glücklichsein

Mein lieber Sohn, ich denk zurück,
du fragtest nach dem Weg zum Glück,
das ist nun viele Jahre her,
ich sagte dir, es ist nicht schwer.

Erkenne deine eigne Kraft,
geh deinen Weg mit Leidenschaft,
erhalte dir die Lebenslust,
hör auf dein Herz tief in der Brust.

Gib niemals auf, geh Schritt für Schritt
und halte die Gedanken fit,
denk immer an dein großes Ziel,
betrachte es als Kinderspiel.

Nun bist du hier, du bist mir nah,
fern deine Heimat Afrika,
du fühlst dich wohl, du bist im Glück,
das ist das halbe Meisterstück.

Geduld, mein Sohn, was dir noch fehlt,
wird wie vereinbart ausgewählt,
der liebe Gott weiß ganz genau,
wann triffst du auf die beste Frau.

Ich weiß, du bist ein Optimist,
weil Liebe ohne Ende ist,
du gehst den Weg nicht ganz allein,
im Herzen wirst du glücklich sein.

Freudenübung

Wir stellen uns ein Liebchen vor,
das wir unendlich lieben,
wir vergegenwärtigen das Glück
und rechnen nun mal sieben.

Nun senden wir dem Liebchen Glück
in einem Wunschgebete,
das wiederholen wir so oft
von morgens früh bis späte.

Dann dehnen wir das Wünschen aus
auf alle lieben Leute,
die große Freude in uns wächst
an einem Tag wie heute.

Erfasst uns diese Freude nun,
dann sollen alle Wesen
mit mir zusammen glücklich sein,
die Guten und die Bösen.

Glücksrituale

Beginnen wir am frühen Morgen
mit einem schönen Ritual:
belächeln wir uns selbst im Spiegel
so wie ein heitrer Sonnenstrahl.

Ein wahrer Balsam für die Seele
ist zauberhafte Poesie,
so bringen wir das Herz zum Schmelzen
und fühlen tiefe Harmonie.

Der Aufenthalt im Zauberwalde
lässt tiefe Stille in uns ein,
und ruhen wir im grünen Moose,
so werden wir im Frieden sein.

Am Abend diesem Tag zu danken,
mit einem kurzen Blick zurück,
verschafft uns großen Seelenfrieden,
wir fühlen wunderbares Glück.

Übungen zum Glück

Trage Sinn hinein ins Leben,
stehe morgens fröhlich auf,
lebe täglich deine Neigung,
freu dich intensiv darauf.

Willst du einen Berg besteigen,
gehe langsam Schritt für Schritt,
so verändert sich dein Leben,
wird erfreulich der Transit.

Wirke eine Weile eifrig,
dann leg eine Pause ein,
lege Wert auf Spaß und Freude,
heiter soll dein Leben sein.

Iss nicht bis zur Magenfülle,
tafle Speisen, die gesund,
konsumiere Vitamine,
dann läuft die Verdauung rund.

Lerne stets im Geist des Kindes
ohne jedes Vorurteil,
Offenheit und großer Eifer
sind bisweilen hammergeil.

Sieh die Dinge stets in Liebe,
Schönheit liegt im Augenblick,
sie ist da, dich zu erfreuen,
darin liegt das wahre Glück.

Dein Glück heilt die Welt

Ein Glücklicher wird niemals schießen,
er wird auch keine Bomben bau'n,
er wird das Böse stets vermeiden
und bricht auch keinen Krieg vom Zaun.

Ein Glücklicher ist stets im Reinen,
er lebt in großer Achtsamkeit,
sein Glückszustand kann andre leiten,
drum seid zum Glücklichsein bereit.

Dein Glück wird aus dir raus trompeten
so laut und schnell wie Engelslicht,
es wird die Menschen bald erreichen,
als ob ein Gott zu ihnen spricht.

Dein Glück wird alle infizieren,
vereint die Seele und den Geist,
es wird die Menschen um dich heilen,
ich sag es dir, damit du's weißt.

Glück heilt die Welt

Vielleicht mag mancher zweifeln.
Doch Glück heilt unsre Welt,
der Lächelnde bringt Freude,
die jedermann gefällt.

Das Glück baut keinen Bomben,
bricht keinen Krieg vom Zaun,
es will nicht drangsalieren
und braucht auch kein Lockdown.

Das Glück ist stets im Reinen,
gewaltlos voller Mut,
harmonisch in der Liebe,
vor allem aber gut.

Mein Glück kann ich erschaffen,
es heilt mich selbst und dich,
das eigne Glücksempfinden
wirkt stets auch ganzheitlich.

Inhalt

Wir möchten alle glücklich sein 7
Die Wege zum Glück 8
Das Geheimnis des Glück 9
Dein Quell des Glücks 10
Die vier Türen zum Glück 11
Ein Gefühl des Glücks 12
Im Mysterium des Glücks 13
Lebensglück 14
Tiefes Glück 15
Mein Weg zum Glück 16
Wunderwelt 17
Das Schöne 18
Dein Quell des Glücks 19
Dein Glück kannst du nicht kaufen 20
Zeit im Glück 21
Wer wagt, gewinnt 22
Zeitwunsch 23
Vergessen 24
Mehr Bescheidenheit 25
Wundervoll 26
Glücklichsein 27
Die große Reise 28
Der zufriedene Mensch 29
Verliebt 30
Ungebraucht zurück 31
Gut genug 32
Herzerfüllend 33
Im Glück 34
Lob der Genüsse 35
Ein Abend mit Freunden 36
Vom Teilen 37
Jetzt fängt das schöne Leben an 38
Mein Leben ist ein Fest 39
Im Dorf des glücklichen Lebens 40
Meisterstück 41
Ziel: Glückskind 42
Ich wird verrückt 43
Was für ein Glück 44
Auf dem Gipfel 45
Unkaufbar 46
Goldner Schmetterling 47

Tief im Innern	48
Glücksschmied	49
Glück und Leid	50
Sehnsuchtsruf	51
Was fehlt zum Glück	52
Glückstag	53
Der Mondmann schaut genüsslich zu	54
Stillschweigen	55
Frühlingsgeschenk	56
Stille Freude	57
Frühlingsrauschen	58
Wiesenstille	59
X-mal	60
Einladung ins Paradies	61
Der Verehrer	62
Im Paradiese	63
Sommerliche Glückseligkeit	64
Septembermorgen	65
Bald schon, bald	66
Goldener Herbsttag	67
Wunderbaum	68
Die Magie der Berührung	69
Marienkäferlein	70
Trara!	71
Nachts am Fluss	72
Herzblicken	73
Danke an das Leben	74
Ende der Leere	75
Freude leben	76
Unfassbar	77
Verschenkte Zeit	78
Das Ziel des Lebens	79
Ende der Suche	80
Friedensvertrag	81
In Liebe im Paradies	82
Der Weg ins Elysium	83
In unserem Herzen	84
Harmonie	85
Brief und Siegel	86
Lass es fließen	87
Geburt eines Buches	88
Ich freue mich	89
Fangt an zu lächeln	90
Wenn ich glücklich bin	91
Von den vier Tugenden	92

Der Tag beginnt 93
Zum Glück bereit 94
Brüderlein 95
Viel Glück 96
Lebe dein Leben 97
Vom Träumen 98
Glücksaktivierung 99
Liebevolle Güte 100
Dankbarkeit 101
Das Leben ist schön 102
Ich liebe das Leben 103
Im Hier und im Jetzt 104
Sehen und staunen 105
Sommerglück 106
Was wir uns wünschen 107
Waldbaden 108
Diamantenwelt 109
Das größte Glück 110
Spiegelglück 111
Dankbarkeit 112
Ein göttlicher Moment 113
Auszeit 114
Mein Glück 115
Zeit ist Leben 116
Auf dem Weg 117
Große Feier 118
Glücklichsein 119
Freudentanz 120
Schau in den Himmel 121
Glück und Pech 122
Nichts Neues 123
Das Glück sucht die Bescheidenheit 124
Zeit vergeht 125
Wenn der Augenblick erblüht 126
Dein Glück 127
Das Glück im Fluss des Lebens 128
Ein schöner Gedanke 129
Verbundenheit 130
Glück ist unser Spiel 131
Bald bist du glücklich 132
Nur du allein 133
Das Glück ist wie ein Schmetterling 134
Im Glück 135
Kugelglück 136
Öffne der Herz 137

Das Leben in Freude 138
Das Streben nach Glück 139
Glückliche Schwingungen 140
Harmonie der Herzen 141
Paares des Herzens 142
Wir sind reich 143
Zen 144
Der Weg 145
Ich bin so glücklich 146
Über das Glück zu schreiben 147
Ende 148
Glücklichsein 149
Was macht mich heute glücklich? 150
Glücksmomente 151
Es gibt ihn nicht 152
Das Wunder des Daseins 153
Septembertag 154
Wege ins Glück 155
Glücksmomente 156
Göttlich sei der Augenblick 157
Pures Glück 158
Bereit 159
Kosmische Fröhlichkeit 160
Im glücklichen Leben 161
Bin ich normal oder glücklich? 162
Großes Glück 163
Lebensfeier 164
Familienglück 165
Jeder Moment 166
Was du suchst 167
Glücksverlauf 168
Seelenfrieden 169
Mehr Meer 170
Ab morgen glücklich 171
Glückseligkeit 172
Unendliches Glück 173
Mein reiches Lebens 174
Was passiert im Glück 175
Das Geheimnis des Weisen 176
Der glückliche Weise 177
Heute bin ich glücklich 178
Zeitlos glücklich 179
Freude in allem 180
Mein Seinsprojekt 181
Frei und glücklich 182

Macht die Kinder glücklich 183
Glücksraum 184
Glückstag 185
Einladung zum Frieden 186
Glücklicher Tag 187
Vom kleinen Glück 188
Reise ins Glück 189
Der kleine Bach im Wald 190
Stilles Glück 191
Das Glück ist wie ein Schmetterling 192
Sommerglück 193
Neuer Brauch 194
Glückliches Denken 195
Leben im Glück 196
Das Leben ist voller Wunder 197
Auf dem Weg ins Glück 198
Seelenfrieden 199
Frei, gleich, würdig 200
Atme dich in Harmonie 201
Ohne Sorgen 202
Zufriedenheit 203
Der Klang der Stille 204
Unerhörtes Glück 205
Geschenktes Glück 206
Du bist dein eigener Meister 207
Weißt du, was Glück ist? 208
Fantasie zum Glück 209
Erschaffe dein Paradies 210
Affirmation 211
Du bist dein Himmel 212
Übung macht den Meister 213
Weg zum Glück 214
Das Wunder des Alleinseins 215
Die Grundlagen des Glücks 216
Sei dankbar 217
Der Weg zu dir 218
Mein Glück heute 219
Wozu leben wir? 220
Sei, wer du bist! 221
Das Glück der Stille 222
Dein Auftrag 223
Der Klang des Himmels 224
Das Glück im Jetzt 225
Wonach suchst du? 226
Der Tag des Glücks 227

Der glücklichste Moment 228
Glück 229
Überglücklich 230
Glücksgedichte 231
Lächeln macht glücklich 232
Was ich gern möchte 233
Wer die Wahl hat 234
Im Jetzt 235
Glück der Beschaulichkeit 236
Dein Glück 237
Wege ins Glück 238
Wie ein König leben 239
Gebezeitalter 240
Kaufen bringt's 241
Du Glücksschmied 242
Glück ist Fühlen 243
Glückstag 244
Kostbarkeit 245
Leicht zu finden 246
Auf dem Weg zu Glückseligkeit 247
Zum Glück des inneren Friedens 248
Grundlos glücklich 249
Ein Rezept für Glück 250
Dein Weg zum Glücklichsein 251
Freudenübung 252
Glücksrituale 253
Übungen zum Glück 254
Dein Glück heilt die Welt 255
Glück heilt die Welt 256

Weitere lieferbare Gedichte von Roland Pöllnitz

Roland Pöllnitz
Der Weiße Zyklus – Band 6 – Der Frieden
Books on Demand 2023
268 Seiten, broschiert 19,90 €
ISBN 9783757861735

Roland Pöllnitz
Der Weiße Zyklus – Band 5 – Die Liebe
Books on Demand 2023
268 Seiten, broschiert 19,90 €
ISBN 9783757860073

Roland Pöllnitz
Der Weiße Zyklus – Band 4 – Der Winter
Books on Demand 2023
268 Seiten, broschiert 19,90 €
ISBN 9783757845353

Roland Pöllnitz
Der Weiße Zyklus – Band 3 – Der Herbst
Books on Demand 2023
268 Seiten, broschiert 19,90 €
ISBN 9783757829230

Roland Pöllnitz
Der Weiße Zyklus – Band 2 – Der Sommer

Books on Demand 2023
262 Seiten, broschiert 19,90 €
ISBN 9783738624229

Roland Pöllnitz
Der Weiße Zyklus – Band 1 – Der Frühling

Books on Demand 2023
268 Seiten, broschiert 19,90 €
ISBN 9783750404175

Roland Pöllnitz
Liebe ohne Ende – Band 5
(Das längste Liebesgedicht der Welt)

Books on Demand 2022
358 Seiten, broschiert 19,99 €
ISBN 9783756851195

Roland Pöllnitz
Liebe ohne Ende – Band 4
(Das längste Liebesgedicht der Welt)

Books on Demand 2022
350 Seiten, broschiert 19,99 €
ISBN 9783756816118

Roland Pöllnitz
Liebe ohne Ende – Band 3
(Das längste Liebesgedicht der Welt)

Books on Demand 2022
350 Seiten, broschiert 19,99 €
ISBN 9783756815197

Roland Pöllnitz
Liebe ohne Ende – Band 2
(Das längste Liebesgedicht der Welt)

Books on Demand 2022
350 Seiten, broschiert 19,99 €
ISBN 9783756295296

Roland Pöllnitz
Liebe ohne Ende – Band 1
(Das längste Liebesgedicht der Welt)

Books on Demand 2022
350 Seiten, broschiert 19,99 €
ISBN 9783756212293

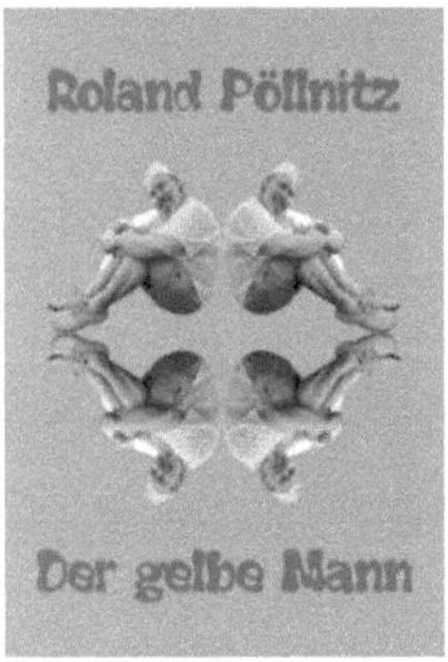

Roland Pöllnitz
Der gelbe Mann
(Gedichte)

Books on Demand 2024
128 Seiten, broschiert 14,99 €
ISBN 9783769302752

Roland Pöllnitz
Gedanken für das Seelenheil
(Gedichte)

Books on Demand 2022
290eiten, broschiert 19,99 €
ISBN 9783756837304

Roland Pöllnitz
Gedichte aus dem Zauberwald
(Gedichte)

Books on Demand 2021
238 Seiten, broschiert 14,99 €
ISBN 9783754310860

Roland Pöllnitz
Die Tänzerin im roten Kleide
(Gedichte)

Books on Demand 2021
122 Seiten, broschiert 14,99 €
ISBN 9783754330833

Roland Pöllnitz

Die Zeit kennt nur die Ewigkeit

(Gedichte)

Books on Demand 2020

162 Seiten, broschiert 14,99 €

ISBN 9783752894370

Roland Pöllnitz

Das Geheimnis Glücks

(Gedichte)

Cherusker Verlag Langwedel 2017

312 Seiten, broschiert 17,12 €

ISBN 9780244999322

Roland Pöllnitz

Buch der Liebe

(Gedichte)

Cherusker Verlag Langwedel 2017

254 Seiten, broschiert 17,12 €

ISBN 978-0-2446-3554-1